essentials

Essentials liefern aktuelles Wissen in konzentrierter Form. Die Essenz dessen, worauf es als „State-of-the-Art" in der gegenwärtigen Fachdiskussion oder in der Praxis ankommt. Essentials informieren schnell, unkompliziert und verständlich

- als Einführung in ein aktuelles Thema aus Ihrem Fachgebiet
- als Einstieg in ein für Sie noch unbekanntes Themenfeld
- als Einblick, um zum Thema mitreden zu können

Die Bücher in elektronischer und gedruckter Form bringen das Expertenwissen von Springer-Fachautoren kompakt zur Darstellung. Sie sind besonders für die Nutzung als eBook auf Tablet-PCs, eBook-Readern und Smartphones geeignet.

Essentials: Wissensbausteine aus den Wirtschafts, Sozial- und Geisteswissenschaften, aus Technik und Naturwissenschaften sowie aus Medizin, Psychologie und Gesundheitsberufen. Von renommierten Autoren aller Springer-Verlagsmarken.

Mehr Diversity im demografischen Wandel

Impulse für ein innovatives Personalmanagement

Ariane Bentner
Bentner Systemische
Organisations beratung &
Personalentwicklung
Darmstadt
Deutschland

Sevim Dylong
Bentner Systemische
Organisations beratung &
Personalentwicklung
Darmstadt
Deutschland

ISSN 2197-6708
ISBN 978-3-658-10334-7
DOI 10.1007/978-3-658-10335-4

ISSN 2197-6716 (electronic)
ISBN 978-3-658-10335-4 (eBook)

Die Deutsche Nationalbibliothek verzeichnet diese Publikation in der Deutschen Nationalbibliografie; detaillierte bibliografische Daten sind im Internet über http://dnb.d-nb.de abrufbar.

Springer Gabler

Gedruckt auf säurefreiem und chlorfrei gebleichtem Papier

Springer Fachmedien Wiesbaden ist Teil der Fachverlagsgruppe Springer Science+Business Media
(www.springer.com)

Was Sie in diesem Essential finden können

- Ausgewählte interdisziplinäre Hintergrundinformationen zum Thema
- Konkrete Hinweise, wie Sie Ihr HR-Management innovativ aufstellen können
- Aktuelle Empfehlungen und Praxisbeispiele zum Umgang mit den Effekten des demografischen Wandels
- Umsetzbare Impulse für die Praxis

Inhaltsverzeichnis

Einleitung: Was bewegt uns zu dieser Handreichung?

1

In Deutschland führt der demografische Wandel zu einer alternden und schrumpfenden (Erwerbs-)Bevölkerung: Schätzungen gehen davon aus dass im Jahr 2030 die Zahl junger Menschen unter 20 um ca. 2,5 Mio. zurückgegangen sein wird, während die Anzahl der über 65-Jährigen um ca. 5 Mio. ansteigen wird. Eine substanziell geschrumpfte Population erwerbsfähiger Menschen wird also für eine alternde Gesellschaft mit ca. 30 % über 65-jährigen das Bruttosozialprodukt und Lebensstandard erwirtschaften müssen. Schon jetzt gibt es in bestimmten Regionen und Bereichen einen signifikanten Fachkräfte-Mangel (vgl. Hartmann 2015, S. 4–5).

Vor diesem Hintergrund wird deutlich, dass die Rekrutierung, Bindung und Entwicklung von Fach- und Führungskräften und ein innovatives HR-Management für die Zukunft für alle Unternehmen vom Mittelständler bis zum Konzern, von der Kita bis zur Klinik überlebenswichtig sein wird, denn ihre Dienstleistungen und Produkte werden von Mitarbeitenden produziert. Das Personalmanagement der Zukunft kann sich daher nicht mehr darauf beschränken, Bewerbungen und Mitarbeitende möglichst effektiv zu verwalten, sondern zielgruppenspezifisch möglichst innovativ und kreativ zu gewinnen, zu entwickeln und zu halten. Bisher dominiert noch eine hochselektive Haltung in den Unternehmen, die versuchen, möglichst viele Bewerber pro Stelle zu finden. Dieses Konzept ist heute schon vielfach und wird spätestens ab ca. 2020 ein Auslaufmodell sein, denn die Unternehmen selbst werden diejenigen sein, die sich um Arbeitskräfte werden bewerben müssen (Hartmann 2015, S. 18).

Mit dieser Handreichung möchten wir besonders Personalverantwortliche in Unternehmen und Organisationen ansprechen, ihnen einerseits aktuelle fachliche Hintergründe aus Wissenschaft und Forschung sowie gleichzeitig praktische Impulse liefern, wie eine personelle Kultur der Vielseitigkeit für die Organisationen von morgen entwickelt werden kann, die dem demografischen Wandel standhält.

© Springer Fachmedien Wiesbaden 2015
A. Bentner, S. Dylong, *Mehr Diversity im demografischen Wandel,* essentials,
DOI 10.1007/978-3-658-10335-4_1

Dabei konzentrieren wir uns im ersten, eher fachlichen Teil auf einige Wirkungszusammenhänge zum Thema. Wir stellen ausgewählte interdisziplinäre Aspekte zu Fragen von Ausgrenzungsprozessen und ihren Auswirkungen in der Einwanderungsgesellschaft sowie Befunde zu modernem Diversity-Management in Deutschland vor, die bisher eine aktive Beteiligung bestimmter Zielgruppen am Arbeitsleben verhindern.

Weiterhin beschäftigen wir uns mit der Frage, welche Barrieren eigentlich für welche Zielgruppen beim Zugang zum Arbeitsmarkt immer noch existieren. Abschließend stellen wir aktuelle Erkenntnisse v. a. aus der Gehirnforschung zu Fragen der Wahrnehmung der Entscheidungsfindung und des Vorgehens im Personalrekrutierungsprozess vor.

Wer eher praxisorientierte Beispiele und Anregungen für die eigene innovative Personalarbeit sucht, findet im zweiten Teil dieser Broschüre ganz praktische Impulse und Beispiele für eine innovative Personalarbeit im demografischen Wandel. Wir stellen das Anonymisierte Bewerbungsverfahren vor, geben Empfehlungen für eine vorurteilsfreie Personalauswahl und bieten ausgewählte Beispiele für alternsgerechte Personalkonzepte an. Ein sehr erfolgreiches und mit dem Integrationspreis 2014 ausgezeichnetes Beispiel gelingender Integration „schwieriger" Jugendlicher in den Arbeitsmarkt bildet den Abschluss.

Unser Ziel ist es, Personalverantwortliche in Unternehmen und Non-Profit-Organisationen mit diesen Informationen zu unterstützen, dort neue Wege der Personalarbeit zu gehen, wo unsere demografische Entwicklung es in Zukunft fordern wird. Was diese Broschüre nicht leisten kann und will, sind Lösungen für alle Probleme und Fragestellungen die das Thema demografischer Wandel mit sich bringt.

Für ausgewählte Fragestellungen bieten wir Workshops für Personalverantwortliche an, in denen gezielt aktuelle Themen zum demografischen Wandel bearbeitet werden können.

2.1 Was bedeutet eigentlich Diskriminierung und was ist daran problematisch?

In den meisten europäischen Ländern ist im 21. Jahrhundert sowohl der demografische Wandel mit seinen Effekten auf die Sozialsysteme und den Arbeitsmarkt als auch die Ein- oder Zuwanderung eines der zentralen Themen der Gegenwart. Aufgrund ihrer eigendynamischen Sozial- und Kulturprozesse werden beide Phänomene bisher von ihren Auswirkungen her weit unterschätzt: Der Berliner Migrationsforscher Klaus Bade (2014, S. 4 ff.) weist darauf hin, dass bei diesen komplexen Prozessen des gleichzeitigen Zusammenwachsens und Ausdifferenzierens von Mehrheits- und Einwanderungsbevölkerungen *neue Unübersichtlichkeiten* entstehen, die nicht mehr einfach gestoppt oder rückgängig gemacht werden können. Unsicherheit, Identitäts-Krisen, Aggressivität und (Stellvertreter-) Konflikte können im negativsten Fall die Folge sein. Exemplarisch hierfür steht in Deutschland etwa die sog. „Sarrazin-Debatte", bei der ein überwiegend älteres Publikum „nostalgisch-kulturpessimistisch" vor der Ausbeutung unseres Sozialstaates durch Armuts-Einwanderer aus Osteuropa gewarnt wird. Die Kernthese Sarrazins lautet, dass die Kombination von Geburtenrückgang, zunehmender Unterschichtung der Gesellschaft und Zuwanderung aus eher muslimischen Ländern das „eigentliche" „Deutschland" verschwinden lassen. Aktuell scheint die v. a. in Dresden aktive „Pegida"- Bewegung diese Rolle zu übernehmen. Hier gilt: Nomen est Omen, denn Pegida steht ganz pathetisch für „Patriotische Europäer gegen die Islamisierung des Abendlandes".

Tendenziell scheinen jüngere Menschen aus der Mehrheitsbevölkerung dem kulturellen Wandel und der Vielfalt eher offen und positiv gegenüber zu stehen als Ältere.

© Springer Fachmedien Wiesbaden 2015
A. Bentner, S. Dylong, *Mehr Diversity im demografischen Wandel*, essentials,
DOI 10.1007/978-3-658-10335-4_2

Beide Phänomene gehören jedoch zusammen und bilden quasi die beiden Seiten der gesellschaftlichen Veränderungsmedaille im 21. Jahrhundert:

Auf der einen Seite lässt sich ein kulturoptimistischer Pragmatismus beobachten, dessen Verfechter kulturelle Vielfalt und Diversity schon aus Gründen der Überlebenssicherung unserer Gesellschaft, Arbeitsmärkte und Sozialsysteme für unerlässlich halten, für eine Willkommenskultur eintreten und manchmal möglicherweise etwas naiv annehmen, die Einwanderungsgesellschaft sei ein „buntes Paradies mit immerwährenden Straßenfesten zum Empfang von immer neuen Zuwanderern". (Bade 2014, S. 4).

Auf der Rückseite dieser Medaille zeigt sich mit Sarrazin und Pegida die durchaus in der Mitte der Gesellschaft angesiedelte Angst davor, die eigene kulturelle Identität durch eine Überflutung mit Fremden und Fremdheit zu verlieren und darin unterzugehen. Diese Angst drückt sich kulturpessimistisch in vielfältigen Aus- und Abgrenzungsphänomenen im gesamten Bildungssystem, auf dem Arbeitsmarkt, beim Zugang zu Organisationen sowie in politischem Rechtspopulismus nicht nur in Deutschland aus. Sie zeigte sich insbesondere bei der Europawahl im Frühjahr 2014 im Zusammenschluss rechtspolitischer Parteien verschiedenster Länder im Bündnis EAP (Europäische Allianz für die Freiheit) und deren großem Erfolg in Ländern wie z. B. Frankreich.

Diese sozialen und kulturellen Ausgrenzungspraktiken, ob sie nun bewusst oder unbewusst, persönlich oder institutionell geschehen, können wir als Diskriminierung bezeichnen. Seit dem frühen 20. Jahrhundert bedeutet Diskriminierung mit negativer Bewertung „jemanden herabsetzen, benachteiligen, zurücksetzen", zunächst im Politischen und dann vor allem im sozialen Bereich (Wikipedia.de, abgerufen am 21.08.2014). In der sozialwissenschaftlichen Forschung gibt es mittlerweile eine fast unüberschaubare Flut von Diskriminierungstheorien, die versuchen, aus verschiedenen Perspektiven die Mechanismen und Hintergründe von Benachteiligungen zu rekonstruieren, wie Menschen es anstellen, andere zu diskriminieren. Diskriminierung bedeutet, Menschen die Zugehörigkeit zu einer Gruppe, Organisation oder Gesellschaft zu versagen.

Der Migrationsforscher Paul Mecheril hat das Thema Zugehörigkeit in den Mittelpunkt seiner Forschung gestellt:

Zugehörigkeit
Für Menschen mit transnationalem Hintergrund ist eine kulturelle Zugehörigkeit zu einer Gruppe oder Organisation nicht in „natürlicher Weise" gegeben, sondern wird gesellschaftlich durch interessenabhängige Vorstellungen und Kriterien immer wieder hergestellt (Mecheril 2010, S. 13). Zugehörigkeit bezeichnet die Übereinstimmung personeller Ressourcen und den Vorstellungen eines Handlungsraumes. Stereotype und vorurteilsbehaftete Annahmen, die sich in Abwertungen, Zuschreibungen oder Unterstellungen äußern, können andere Aspekte der persönlichen Identität überformen und Zugehörigkeit verhindern – ähnlich wie im Minderheiten-Konzept von Kanter (vgl. Mecheril 2003, S. 128 f.). Kurz gesagt: Diskriminierung durch Ausgeschlossen-Werden kann jede/n treffen – überall!

Ethnizität, ethnisch
In der Literatur findet der Ausdruck je nach Kontext im Zusammenhang mit Begriffen der Nationalität, Herkunft, Kultur und Religion Verwendung. Ethnizität ist eng mit sichtbaren Merkmalen verwoben, anhand derer Menschen zu einer ethnischen Gruppe zugeordnet werden. In der Praxis wird Ethnizität mit nationaler Herkunft, Sprache, Kultur und Religion in Verbindung gebracht.

2.1.1 Wie können wir uns für Diskriminierung sensibilisieren? Der Critical Whiteness-Ansatz

In der interkulturellen Arbeit wird seit Anfang der 1990-er Jahre aus USA kommend der Ansatz der „Critical Whiteness" zum Abbau von Vorurteilen praktiziert. Dabei geht es darum, dass Angehörige beiderlei Geschlechtes der weißen Mehrheit sich ihrer Privilegien bewusst werden und sich dafür sensibilisieren, diese abzubauen. Die Privilegierung Weißer bei gleichzeitiger Abwertung Menschen anderer Hautfarbe oder Herkunft ist ein postkoloniales Erbe, das wir noch nicht überwunden haben (Forberg 2013, S. 45 ff.).

> **Critical Whiteness**
> Der Ansatz der Critical Whiteness geht auf die schwarze Schriftstellerin
> Toni Morrison zurück und wurde ursprünglich in den USA von schwar-
> zen Feministinnen entwickelt. Er geht aber eigentlich sogar zurück auf
> die schwarzen Sklaven in USA, die sich zur Überlebenssicherung mit dem
> Weißsein beschäftigt haben. Critical Whiteness geht der Frage nach, wie
> genau Ausgrenzung konstruiert wird – nämlich durch die sog. Markierung
> eines Fremd- oder Andersseins, wo eigentlich gar keines ist.

Auf einer zweiten Ebene werden diese behaupteten Eigenschaften für ‚natürlich'
erklärt [...] Drittens bekommen diese Personen eine untergeordnete Position zuge-
wiesen. Und viertens findet ihr Ausschluss statt. Rassismus hat eben nicht nur mit
Ideologie und körperlicher Gewalt zu tun, sondern gerade mit der Macht zur Ausgrenzung. (ebd. S. 47)

Die Auseinandersetzung mit Critical Whiteness kann mit dazu beitragen, selbstkri-
tisch zu reflektieren, wie und wo weiße Normalität konstruiert wird und Andere(s)
markiert und ausgegrenzt werden.

2.2 Diversity-Management in Deutschland: Work in Progress?

Der Diversity-Ansatz ist etwas älter und stammt ursprünglich aus der politisch
linken Graswurzelbewegung in den USA der späten 1960er Jahre als „Fusion" von
Frauenrechts- und Bürgerrechtsbewegung. In den letzten Jahrzehnten entwickelte
sich Diversity-Management immer mehr zu einem Konzept des internationalen
HR-Managements.

Diversity (engl.): Vielfalt, meint nicht nur die individuelle Verschiedenheit der
Mitarbeitenden in Organisationen, sondern deren ausdrückliche Wertschätzung
und ihren Einsatz zur Wertschöpfung im Sinne des Unternehmenserfolges. Es dominiert eine eher defizitorientierte Sicht auf diejenigen, die anders sind – eben
Frauen, Menschen mit internationalem Hintergrund, Behinderte, Transgender usw.

Diversity-Management bedeutet Management von (personeller) Vielfalt (engl.:
diversity) und meint nicht nur die individuelle Verschiedenheit der Mitarbeitenden in Organisationen, die sich in der Mannigfaltigkeit der Kategorien Geschlecht,
Ethnie, Alter, Religion, Behinderung und sexueller Orientierung widerspiegelt,
sondern auch deren ausdrückliche Wertschätzung und ihren Einsatz zur Wertschöpfung im Sinne des Unternehmenserfolges.

Diversity-Management stellt seit einigen Jahren besonders für Global Player eine zentrale strategische Zielsetzung dar. Diese liegt für die betreffenden Unternehmen in der besseren Anpassung an sich verändernde Marktbedingungen durch den Aufbau einer einzigartigen, heterogenen Belegschaft, die mit den internationalen Kunden passgenau und interkulturell hochkompetent kommunizieren kann. In Zeiten des demografischen Wandels und der Knappheit von Fachkräften führt eine klare Diversity-Ausrichtung nicht nur zu einer Steigerung eines positiven Unternehmensimages, das potentielle Kunden anspricht, sondern auch die Attraktivität als Arbeitgeber erhöht sich maßgeblich.

Diversity-Management wurde im europäischen Raum in den letzten 40 Jahren im Zuge der mit der Globalisierung verbundenen Internationalisierung etwas populärer. International tätige Konzerne waren insbesondere durch Übernahme von Unternehmen mit der Diversity-Management-Praxis amerikanischer Prägung konfrontiert und mussten sich damit auseinandersetzen, wie diese Konzepte in ihren Unternehmen anschlussfähig werden könnten. Tendenziell lässt sich in Deutschland noch nicht von einem Durchbruch der Diversity-Strategien in der Personalpolitik von Organisationen sprechen. Ein professionelles Diversity-Management wird in Deutschland bislang nur von einigen großen Unternehmen praktiziert. (Wikipedia.de, abgerufen am 25.8.2014). Dies zeigen auch die Befunde von Sevim Dylong am Ende dieses Abschnitts.

Doch was macht die Einführung eines Diversity-Managements für kleine und mittelständische Unternehmen bislang so schwierig? Eine Studie von Roland Berger Consultants (2012) mit 40 international agierenden Großunternehmen in Deutschland zeigt, dass deutsche Unternehmen bisher massive Probleme haben, ein umfassendes Diversity- Management zu implementieren. Folgende Gründe wurden dafür genannt:

Nach wie vor sind in Deutschland *festgeschriebene und häufig sehr starre Karrierepfade* (wie exzessive Anwesenheitskultur im Unternehmen, Auslandsaufenthalte, Übernahme bestimmter Funktionen und Geschäftsbereiche) für den beruflichen Aufstieg ausschlaggebend: Der ehemalige Personalvorstand von Lufthansa und Telekom, Thomas Sattelberger spricht dabei von der lange Zeit üblichen „schnelle(n) Jungmännerlaufbahn zwischen 27 und 35 Jahren", die heute als überholt gelten sollte, weil sie ältere Männer und Frauen ausgrenzt und nicht mehr den gegenwärtigen Anforderungen entspricht (Astheimer 2014). Frauen und Menschen mit anderskulturellem Hintergrund zählen in der Regel nicht zum „inneren Kreis" der Führungsriege, da sie „anders" sind, häufig noch immer Minderheitenstatus haben und zudem zeitlich und örtlich nicht präsent sind, wenn in der Seilschaft Pläne geschmiedet werden. Die Unternehmensleitung spielt besonders in KMU eine entscheidende Rolle, wenn es um die Förderung anderer Karriere-Konzepte geht: im eher aufgeschlossenen und beteiligungsorientierten Teil des Mittelstandes ist es leichter als dort, wo „an der Spitze ein Patriarch älteren Schlages steht." (ebd.).

Zudem rekrutieren Personalverantwortliche oftmals nach dem Prinzip des „Selbstklonens". Das bedeutet, dass sie am liebsten Menschen einstellen, die ihnen vom (sozialen) Hintergrund und Geschlecht, aber auch von ihren Werten her am nächsten oder ähnlichsten erscheinen. „Männer mögen Männer. Sie geben die Macht wie einen Joint weiter. Weil sie merken, dass die anderen Männer auch Männer sind, vertrauen sie ihnen. Denn Ähnlichkeit ist der erste Schritt zur Vertrauensbildung." (Steppat 2014, S. 7).

Bestimmte „Merkmale" des Anders-Seins führen dazu, dass potenzielle Arbeitskräfte gar nicht als solche zum Bewerbungsverfahren zugelassen, sondern (vor-)schnell ausselektiert werden. In deutschen Unternehmen lässt sich nach wie vor ein tendenziell eher ablehnendes Verhalten des Managements gegenüber sichtbaren und unsichtbaren Unterschieden, wie sie sich etwa in den Kategorien Geschlecht, Alter und Herkunft zeigen, beobachten.

Ein allmählicher Wandel könnte sich seit in Kraft treten verschiedener Anti-Diskriminierungs-Richtlinien in der Europäischen Union (in Deutschland: Allgemeines Gleichbehandlungsgesetz von 2006) abzeichnen: Dimensionen wie Alter, Geschlecht und Herkunft werden nicht nur in Diversity-Ansätzen forciert, sondern auch im Allgemeinen Gleichbehandlungsgesetz geschützt. Diversity – Management wird somit auch als anschlussfähiges Konzept für eine Antidiskriminierungspolitik diskutiert. (vgl. Kutzner 2012, S. 261 f.). Der Gipfel bisheriger politisch-motivierter Diversity Aktivitäten ist die Initiative „Charta der Vielfalt", die seit 2006 unter der Schirmherrschaft der Kanzlerin steht und die Förderung von Vielfalt in Unternehmen und Institutionen vorantreiben soll. Große Unternehmen wie Daimler, die Deutsche Bank oder die Telekom haben diese unterschrieben und wirken so als Repräsentanten einer vielfältig geprägten Unternehmenskultur (Vgl. www.charta-der-vielfalt.de, abgerufen am 25.09.2014).

Hinzukommt, dass Organisationen bei Nichteinhaltung bestimmter Diversity-Standards, wie die Benachteiligung aufgrund geschützter Personenmerkmale, nun mit Sanktionen oder Gerichtsverfahren rechnen müssen. „In Deutschland und Österreich hat sich der Gesetzgeber zur Erreichung einer Abschreckungswirkung gegenüber diskriminierenden Unternehmen dazu entschieden, Opfern eine zivilrechtliche, materielle Entschädigung – ähnlich einem Schmerzensgeld – zuzubilligen. Entgegen bisherigen Gepflogenheiten in den kontinentaleuropäischen Rechtsordnungen müssen Entschädigungszahlungen nach den zu Grunde liegenden Richtlinien explizit eine abschreckende Höhe haben, wobei sich die Abschreckung explizit auch auf Mitbewerber bezieht (Generalprävention). Die Einhaltung von Regeln des Diversity Managements bedeutet daher nicht mehr nur einen Wettbewerbsvorteil, sondern die Nichteinhaltung auch einen Wettbewerbsnachteil, da Marktteilnehmer, die sich nicht Diversity-konform verhalten, mit erheblichen finanziellen Strafen rechnen müssen und so im Wettbewerb zurückgeworfen werden […]. Somit wird ein gender- und diversitygerechter Managementstil zu einer maßgeblichen Schlüsselqualifikation für Führungspositionen – was sich in einer wachsenden Anzahl von Qualifizierungsangeboten und Fachveranstaltungen zeigt". Wikipedia (abgerufen am 25. 8. 2014).

In der Personal-Praxis ist davon auszugehen, dass trotz abschreckender Wirkung durch Sanktionen eher eine informelle Verlagerung von Diskriminierungen aufgrund des Geschlechts, Alters sowie der sozialen und kulturellen Herkunft stattfindet. Vielen Organisationen fehlt es noch am Bewusstsein für die erforderlichen innerbetrieblichen Veränderungen, um den demografischen Entwicklungen standhalten zu können. (vgl. Deller und Kolb 2010, S. 3. f.).

> **Vorschläge für ein wirksames Diversity-Management in Organisationen**
> Die Einführung von Vielfalt und Vielseitigkeit im HR-Management gelingt nur, wenn Diversity als langfristiges Veränderungs-Projekt angesehen wird. Dies sind die Schritte dorthin:
> 1. Sorgfältige Analyse der Zahlen zum Anteil von Frauen, Männern und Menschen mit anderskulturellem Hintergrund auf allen Hierarchie-Ebenen und Funktionen über Jahre
> 2. Klare Positionierung der Unternehmensleitung dazu und Glaubwürdigkeit der Maßnahmen (Fortbildungen, Sensibilisierungs-Programme, interne Kommunikation(s-Kultur), Screening zur Zielerreichung)
> 3. Konstruktiver Umgang mit den „überzeugten" Gegnern (das sind oft mäßig tüchtige Männer, die ihre Karriere-Möglichkeiten durch Diversity schwinden sehen) mit guten Argumenten und Führungs-Instrumenten (vgl. Edding et al. 2014, S. 9)

2.3   Welche Barrieren existieren eigentlich aktuell für wen beim Zugang zum Arbeitsmarkt?

Bereits im Rekrutierungsprozess spiegelt sich bisher immer noch häufig statt personeller Vielfalt eher der Mainstream wider und besonders ältere Menschen, Frauen und Menschen aus anderen Kulturen werden dort bisher systematisch benachteiligt (Berger 2011, S. 23). Viele Unternehmen schaden sich mit dieser

Ausgrenzungsstrategie mittelfristig auch deshalb selbst, weil sie damit nicht als „Wunsch-Arbeitgeber" eingeschätzt werden, ihnen wichtiges Erfahrungswissen verloren geht und sie mit Wettbewerbsnachteilen rechnen müssen, wenn die Zeit kommt, wo sie selbst Bewerbende um Arbeitskräfte sein werden.

Wir fokussieren im Folgenden exemplarisch ausgewählte Probleme der Personengruppen Ältere Mitarbeitende, Frauen und Menschen aus anderen Kulturen genauer.

2.3.1 Ältere Menschen und alternde Belegschaften

Das Durchschnittsalter der Belegschaften ist seit 2005 kontinuierlich angestiegen. Insbesondere der Anteil der über 50-jährigen hat stark zugenommen – damit öffnet sich die Altersschere (vgl. Statistisches Bundesamt, zit. n. Buck et al. (2002, S. 53). Auch wenn ihr Anteil an den Erwerbstätigen leicht gestiegen ist, werden ältere Mitarbeitende in Unternehmen bisher primär als Kostenfaktor betrachtet, den man möglichst ab Anfang 50 freizusetzen versucht, was zu einer bis heute andauernden (Un-) Kultur der Frühverrentung geführt hat. Problematisch ist hierbei insbesondere die Praxis der zunehmenden Frühverrentung wegen Erwerbsminderung.

„Das heißt, dass es den Unternehmen bisher gelang, sich eines Teils der Älteren in ihren Belegschaften durch die Praxis der Frühverrentung scheinbar sozialverträglich und im gesellschaftlichen Konsens zu entledigen [...] Legitimiert wurde diese Praxis durch die unterstellte geminderte Leistungsfähigkeit Älterer (‚Defizitmodell') und das Argument, auf diesem Wege Arbeitsplätze für Jüngere freimachen zu können [...]. Hinzu kommt, dass die Inanspruchnahme des Vorruhestands durch die Erwerbstätigen durchaus nicht immer freiwillig, sondern oftmals auf mehr oder weniger sanften Druck des Personalmanagements, aber auch der Kollegen erfolgt ist. Dennoch prägt das Modell inzwischen die erwerbsbiografischen Zukunftsplanungen vieler älterer Beschäftigter." (Buck et al. 2002, S. 27). Das Alter stellt also, trotz demografischer Veränderungen und der Notwendigkeit, ältere Arbeitnehmer verstärkt in das Arbeitsleben zu integrieren bzw. sie dort zu halten und länger einzubinden, häufig eine Hürde dar (vgl. Deller und Kolb 2010, S. 3).

In einer Befragung von 157 deutschen Großunternehmen mit mindestens 1000 Mitarbeitern gaben 45,2 % der Unternehmen an, dass das Alter bei Bewerbungen ein Vorauswahlkriterium sei. Ähnliche Ergebnisse erzielte eine Befragung von 234 mittelständischen Unternehmen, von denen 33 % angaben, dass auch hier das Alter ein wichtiges „Knock-Out" Kriterium sei (vgl. Weuster 2012a, S. 65). Vor allem bei Neueinstellungen gilt das Lebensalter ab 50 Jahren häufig als kritische Grenze und kann unabhängig von Qualifikation und Erfahrung zum Ausschluss der Bewerbenden führen (vgl. Bendl et al. 2012, S. 82).

Aus der Sicht der gerontologischen Forschung sind folgende Wissensbestände für das HR-Management wichtig:

Leistungsfähigkeit im Alter
Die geistige Leistungsfähigkeit im Alter ist vielschichtig: Im Lebenslauf erworbene Denk-, Lern-, und Gedächtnisleistungsstrategien bleiben bestehen, so lange keine dementiellen Krankheiten auftreten. Was abnimmt, sind die durch das Zentrale Nervensystem gesteuerten Prozesse der neuronalen Erregungsweiterleitung im Hinblick auf Geschwindigkeit und Präzision. Daher nehmen im Alter folgende Fähigkeiten ab: das Tempo der Informationsverarbeitung, die Fähigkeit, Probleme mit neuen Methoden zu lösen, das Arbeitsgedächtnis/der Langzeitspeicher im Gehirn. Die Lernprozesse im Alter werden störungsanfälliger. (Heinecke; Müller 2015, S. 125)
Positiv für die Beschäftigung älterer Mitarbeitender sprechen folgende Forschungsbefunde:

- Abgeschlossene Familienphase und mehr Zeitsouveränität als bei Jüngeren
- Psychische Stabilität und Ausgeglichenheit durch hormonelle Umbauprozesse
- Expertenwissen und Berufserfahrung sind vorhanden
- Oftmals hohe Motivation und Loyalität zum Unternehmen
- Netzwerke sind vorhanden (ebd. S. 126)

Jüngere Mitarbeiter gelten häufig als motivierter, belastbarer, flexibler und weniger anfällig für Fehlzeiten und Unfälle als ihre älteren Kollegen. Feldman (2008) führte diesbezüglich eine Metaanalyse von 380 empirischen Studien und 438 unabhängige Stichproben durch und kam zu dem Ergebnis, dass ein höheres Lebensalter die Leistung nur gering beeinflusse. Ältere Arbeitnehmer zeigen danach ein passenderes Sozialverhalten und Arbeitssicherheitsverhalten als jüngere (vgl. Weuster 2012b, S. 85). Natürlich ist die Frage, wann ein Bewerber als alt gilt, immer kontextabhängig zu betrachten. Je nach Branche, beruflicher Position und Geschlecht fällt diese Grenzziehung sehr unterschiedlich aus, weshalb aus der Sicht der arbeitsmedizinischen Forschung jüngere Menschen eher für körperlich anspruchsvolle Tätigkeiten wie Heben und Tragen und Ältere eher für erfahrungsbezogene Tätigkeiten als geeignet gelten (vgl. Weuster 2012b, S. 83).

Problematisch dabei ist, dass es z. B. in Branchen wie dem Gesundheitswesen, den Bauhauptberufen oder der Polizei nicht genügend Stellen für älteres Personal gibt, das körperlich nicht mehr so einsatzfähig oder belastbar ist. Hier fehlen bisher innovative Konzepte zur Gestaltung der Arbeitsplätze für junge und ältere Mitarbeitende, die die Kompetenzen und Fähigkeiten beider Zielgruppen verbinden. Eine Empfehlung hierzu aus der Forschung wäre, die Altersstruktur in den Unternehmen ausgewogen zu gestalten und vorausschauend auf die die „richtige Altersmischung" zu achten:

> Auf der einzelbetrieblichen Ebene ist sie dann gegeben, wenn jeweils etwa ebenso viele Arbeitskräfte eingestellt werden wie ausscheiden und dabei keine Altersgruppe zahlenmäßig stark aus dem Rahmen fällt, also Altersheterogenität besteht […]. Von einer absoluten Gleichverteilung aller Altersgruppen kann allerdings nicht ausgegangen werden, weil diese auch in unterschiedlicher Besetzung in der Bevölkerung bzw. am Arbeitsmarkt auftreten. (Buck et al. 2002, S. 54).

Weitere Vorbehalte bei der Einstellung von älteren Bewerbern sind die Kosten. Studien zeigen, dass gerade die Personalkosten eine zentrale Rolle bei der Diskriminierung älterer Mitarbeiter spielen. Ältere Arbeitnehmer stellen demnach häufig einen höheren „Kostenfaktor" dar, weil sie mehr verdienen als junge und beispielsweise die Garantie haben, die bisherige Tarifgruppe bei der Übernahme einer neuen oder anderen Tätigkeit beizubehalten. Oder es entstehen weitere Kosten aufgrund der Eingliederung in Bereiche, in denen aufgrund des technischen Fortschritts, Trainingsbedarf und Anpassungsfortbildungen erforderlich sind (vgl. Bendl et al. 2012, S. 84). Des Weiteren sind systematische Benachteiligungen von älteren Arbeitskräften bei der Anstellung, Beförderung, Förderung und Weiterbildung zu verzeichnen (vgl. Krings und Kluge 2008, S. 135). Staatliche Projekte zur Wiedereingliederung langzeitarbeitsloser älterer Menschen (50plus) führen aus unserer Beobachtung bisher noch nicht zu einem Paradigmenwechsel, sondern eher zu einer beruflichen Degradierung der Betroffenen im Bereich einfacher Dienstleistungen.

Gleichzeitig dürfen seit der Einführung des allgemeinen Gleichbehandlungsgesetzes (AGG von 2006) solche Einschränkungen nicht mehr unbegründet vorgenommen werden. Laut dem Institut für Arbeitsmarkt- und Berufsforschung gaben immerhin 41 % aller Unternehmen an, keine Erfahrung mit Beschäftigten über 50 Jahren zu haben (vgl. Deller und Kolb 2010, S. 3. f.).

Eine große Herausforderung für zukünftiges Personalmanagement wird daher der Kulturwandel sein, der mit der daraus resultierenden Veränderung im Umgang mit alternden Belegschaften auftreten wird: Während bisher in unserer Gesellschaft überwiegend Konsens darüber besteht, dass bei auftretenden Problemen mit/von älteren Beschäftigten die Beendigung des Arbeitsverhältnisses z. B. durch Abfindung oder Frühverrentung das Mittel der Wahl darstellt, wird es in Zukunft darum gehen, Arbeits- und Lebensentwürfe zu schaffen, „… bei denen der Wechsel zwischen Phasen sinnerfüllter Arbeit und Phasen der (Weiter-) Bildung integraler Bestandteil auch jenseits heute üblicher Erwerbsperioden wird." (Buck et al. 2002, S. 35).

> **Ältere Mitarbeitende als Ressource – Zwei Praxisbeispiele**
> **„Kritische Altersstruktur bei einem Finanzdienstleister**
> Bei der Analyse der Altersstrukturen im Unternehmen stellte sich heraus, dass im Vertrieb ein Großteil der Außendienstmitarbeiter älter als 55 Jahre war. Diese MitarbeiterInnen verfügten über Beziehungen zu Kunden, die sie über Jahre hinweg aufgebaut hatten. Das absehbare Ausscheiden dieser MitarbeiterInnen brachte das Unternehmen in die Gefahr, diese an den einzelnen Außenmitarbeiter gebundenen Kunden zu verlieren. Als Konsequenz wurden den älteren möglichst schnell ein jüngerer Mitarbeiter zur Seite gestellt, um eine persönliche Kontinuität in der Kundenbeziehung aufrecht zu erhalten […].
> **Mix aus Jugend und Erfahrung herstellen**
> In einem kleinen IT-Unternehmen war der Geschäftsführer mit 27 Jahren der Älteste. Um das wachsende Chaos zu bewältigen, wurde gezielt nach einem älteren Mitarbeiter gesucht. Eingestellt wurde ein 50-jähriger Naturwissenschaftler, der insbesondere die bislang vernachlässigten Bereiche Qualitätssicherung und Projektmanagement in den Griff bekommen sollte. Er wurde bewusst als Kontrapunkt zur ‚jugendlichen Dynamik‘ des Entwicklerteams eingesetzt. Nach einigen Monaten stellte sich heraus, dass das seriöse Auftreten eines Älteren auch bei der Akquise von konservativen Kunden oder bei Gesprächen mit der kreditgebenden Bank von großem Nutzen war" (Buck et al. 2002, S. 56).

2.3.2   Frauen – nicht nur in Führungspositionen

Mit Blick auf die heutige Stellung der Frauen hat sich viel verändert. Sie haben im Bildungswesen mit den Männern gleichgezogen und sind so gut qualifiziert wie noch nie zuvor. Dennoch sind adäquate Stellen auch heute nicht selbstverständlich und die Frage nach der Vereinbarkeit von Familie und Beruf ist immer noch aktuell (vgl. Schlüter 2010, S. 693 f.).

Frauen sind heute mit 43 % fast gleichberechtigt auf dem Arbeitsmarkt aktiv, sie stellen 53,3 % der Studienberechtigten und knapp die Hälfte der Hochschulabsolventen. „Ende 2013 waren jedoch nur 4,4 % aller Vorstände und 15,1 % aller Aufsichtsräte in den Top 200 Unternehmen in Deutschland mit Frauen besetzt. In der Bundesverwaltung beträgt der Frauenanteil an Führungspositionen trotz 20- jähriger gesetzlicher Regelungen zur gleichberechtigten Teilhabe nur 30,0 %. In Gremien des Bundes sind Frauen sogar nur zu 25,7 % vertreten." (http://www. bmfsfj.de/RedaktionBMFSFJ/Abteilung4/Pdf-Anlagen/praesentation-gesetz-fra uenquote,property=pdf,bereich=bmfsfj,sprache=de,rwb=true.pdf, abgerufen am 28.12.2014).

Besonders Frauen sehen sich daher von einer Behandlungs- und Zugangsdiskriminierung betroffen, die sich zum Beispiel in der unterschiedlichen Entlohnung trotz gleicher Leistung widerspiegelt oder mit Barrieren beim Zugang zu bestimmten Berufen oder Positionen verbunden ist. So liegt der sog. Gender-Pay-Gap in Deutschland mit 22 % weniger Lohn für Frauen europaweit im oberen Bereich. EU-weit verdienen Frauen im Durchschnitt 16 % weniger als Männer. Dies liegt u. a. auch an der tendenziell immer noch geschlechtsspezifischen Berufswahl von Frauen für die klassisch schlechter bezahlten Frauenberufe, aber auch an der von Frauen präferierten Teilzeitarbeit, die sich häufig als berufliche Sackgasse erweist. Aber auch in den Führungsetagen von Unternehmen verdienen die Frauen nur 70 bis 80 % von dem, was ihre männlichen Kollegen bekommen (vgl. Edding und Clausen 2014, S. 46).

Berufsunterbrechungen, die aufgrund von Schwangerschaft und Mutterschaft zu einem Arbeitsausfall führen, stellen für viele Arbeitgeber ein Risiko dar. Bereits im Bewerbungsprozess wird die Angabe zum Familienstand mit verheiratet und der Existenz von Kindern je nach Geschlecht unterschiedlich bewertet. Während Männer diesbezüglich gern mit Reife, Stabilität, Verantwortung und der Notwendigkeit eines permanenten Einkommens in Verbindung gebracht werden, wird bei Frauen stattdessen von erhöhten privaten Pflichten, Rollenkonflikten, geringerer Stellenpassung und verringerter regionaler Mobilität ausgegangen. (vgl. Weuster 2012b, 101 ff.). Trotz politischer Zugeständnisse, wie Elternzeit für beide, Krippenplätze bleibt die Vereinbarkeit der Erwerbs- und Reproduktionsarbeit bisher noch überwiegend ein Frauenthema.

In Dänemark wird gerade das Job-Freezing für Männer diskutiert, die Vater werden. Sie sollen arbeitsrechtlich genauso behandelt werden wie ihre Frauen, die Mutter werden, um diese bisherige Diskriminierung wirksam auszuhebeln. Erst wenn die Väter durch den erzwungenen „Vaterschutz" und die Erziehungszeit keine Karrierevorsprünge mehr haben, so die Überlegung, haben beide Geschlechter gleiche Chancen.

Job-Freezing

> Nein, das gerechte Mittel, um für Chancengleichheit zu sorgen, wäre Job-Freezing für sämtliche an der Schwangerschaft Beteiligten. Konkret hieße das: Vater und Mutter müssen jeweils die gleiche Zeit, sagen wir drei Monate, im Beruf aussetzen. Dafür gelten dann aber auch für (werdende) Väter dieselben Kündigungsschutz- und Rückkehrgarantien, die heute nur für (werdende) Mütter gelten. In Einstellungsgesprächen wäre es für den Arbeitgeber dann völlig unerheblich, ob eine junge Frau oder ein junger Mann vor ihm säße – denn beruflich würde bei einer Schwangerschaft er genauso wie sie ausfallen. (Bittner 2014, Die Zeit Nr. 45, S. 12)

Obwohl Frauen quantitativ betrachtet keine Minderheit sind, werden sie oft als solche gesehen und behandelt. Dies spiegelt sich auch in der Geschlechterverteilung der Führungsebenen großer Unternehmen wider, denn hier sind sie bisweilen unterrepräsentiert. Die Diversity-Forscherin und Ökonomin Gertraude Krell sagt dazu, dass es eigentlich keinen Sinn macht, Frauen mit Männern zu vergleichen, weil Männer für sich den Status der Mehrheit reklamieren und Frauen häufig die Minderheit repräsentieren (vgl. Edding und Clausen 2014, S. 33).

Mehrheiten & Minderheiten

> Mal angenommen, ein Norddeutscher säße in Portugal als einziger Deutscher in einem Management-Meeting, das von einem Portugiesen geleitet wird. Aufgrund seiner Nationalität und seines kulturellen Hintergrundes befindet er sich in einer Minderheitenposition, die man extrem nennen kann. Extreme Minderheiten und dominante Mehrheiten sind zwei Seiten einer Medaille […]. Wer sich längere Zeit in der Position der extremen Minderheit befindet, ist besonders stark von Isolierung und Ausgrenzung bedroht und fühlt sich unter enormen Leistungs- und Anpassungsdruck gesetzt. (Edding und Clausen 2014, S. 24)

Die Soziologin Rosabeth Moss Kanter hat schon 1977 in ihrem Buch „Man an Women of the Corporation" analysiert, was es bedeutet, wenn Frauen (nicht nur in Führungspositionen) Minderheiten-Status zugeschrieben wird: Minderheiten werden quasi immer als Störung wahrgenommen. Von einer extremen Minderheit spricht man bei einem Anteil der Minderheitengruppe an der Mehrheit von bis zu 10 %. Eine so geringe Minderheit kann niemals wirksam werden, um etwas für sich zu erreichen. Dazu braucht es eine sog. relative Minderheit von ca. einem Drittel. Konstellationen, in denen quasi Gleichheit herrscht, bezeichnet man als balancierte Subgruppen; hier kann verhandelt werden. Dies gilt ebenso für Menschen aus anderen Kulturen, mit anderen Religionen und anderer sexueller Orientierung (vgl. ebd., S. 25).

In der Forschung stellen Geschlechterstereotypen einen zentralen Einflussfaktor für die ungleichen Berufsrealitäten und Chancen zwischen Männern und Frauen dar. So haben Frauen häufig geringere Chancen, in einer Männerdomäne Fuß zu fassen, weil die hierfür erforderlichen oder die mit dem Beruf assoziierten Eigenschaften allein aufgrund der Geschlechtszugehörigkeit nicht wahrgenommen oder ausgeschlossen werden. Eine Studie mit 3700 Ingenieurinnen in den USA zeigt auch, dass hochqualifizierte Frauen in Männerdomänen beruflich unglücklich werden und eine kürzere Verweildauer im Unternehmen haben, weil sie das Unternehmensklima in männerdominierten Branchen mit nur wenigen Frauen (wie im MINT-Bereich) als frauenfeindlich erleben (vgl. Edding und Clausen 2014, S. 55).

So gelten Dispositionen wie Durchsetzungsfähigkeit, Risikofreudigkeit, Wettbewerbsorientierung zu Kriterien, die man vor allem Männern zuspricht und von denen sich Männer z. B. in Stellenanzeigen auch eher angesprochen fühlen. In einer Großbefragung von 1000 Personen zeigte sich, dass das Ideal einer Führungskraft eher mit *typisch männlichen* Eigenschaften in Verbindung steht, als mit typisch weiblichen. Dabei gaben Männer und Frauen gleichermaßen an, stereotyp – männlich geltende Eigenschaften zu bevorzugen (vgl. Gmür 1997, S. 12 ff.).

Auch im Bereich wissenschaftlicher und technischer Positionen wurden ähnliche Ergebnisse ermittelt. So wurde in einer niederländischen Feldstudie das Bewerbungsvorgehen für wissenschaftliche und technische Positionen an einer Universität untersucht. Trotz gleicher Qualifikationseinschätzungen wurden die männlichen Bewerber den weiblichen Bewerberinnen vorgezogen. Die Ursache sehen die Forscher im Stereotyp des idealen Bewerbers. So ergaben die Ermittlungen, dass das vorherrschende Idealbild der Entscheidungsträger/innen vor allem männlich geprägt war (zitiert nach Weuster 2012b, S. 96 f.).

Neben Geschlechts- und Berufsstereotypen können auch organisationale Strukturen die Diskriminierung von Frauen begünstigen. So wirken sich Brüche im Erwerbsverlauf, die aufgrund von Kindererziehung oder der Pflege Angehöriger entstehen, nicht selten problematisch für den Wiedereintritt aus und tragen zum Karriereknick von Frauen bei. Heintz und Nadai gehen in diesem Kontext davon aus, dass Organisationsstrukturen bestehende Ungleichheiten aufrechterhalten. Dies spiegelt sich so etwa in institutionellen Regelungen wieder, die für Frauen indirekt diskriminierend wirken, obwohl sie scheinbar geschlechtsneutral sind. Dies deshalb, weil sich bestehende Erwartungen und Voraussetzungen vor allem an einem männlichen Arbeitnehmerprofil orientieren. In diesen Kontext fallen Normen eines lückenlosen Lebenslaufes oder Arbeitszeiten, die von einer vollumfänglichen Verfügbarkeit der Arbeitskräfte ausgehen. Die bestehenden Auflagen richten sich dabei nicht direkt gegen das weibliche Geschlecht, sondern im Besonderen gegen bestimmte biographische Konstellationen. Hierzu zählen zum Beispiel Alleinerziehende oder Frauen, die durch Mutterschaft zeitweise eingeschränkter sind. (vgl. Heintz und Nadai 1998, S. 82 ff.). Die Auswirkungen der bestehenden Ungleichheit sind verheerend, da Potentiale nicht entfaltet und ungenutzt verschleudert werden.

2.3.3   Einführung einer verbindlichen Frauenquote

Doch es gibt neue hoffnungsvolle Entwicklungen, denn im Dezember 2014 verabschiedete das Kabinett einen Gesetzentwurf zur Einführung einer Frauenquote für Führungspositionen und Aufsichtsräte großer Unternehmen und im öffentlichen Sektor. Deutsche Großunternehmen müssen danach ab 2016 mindestens ein Drittel der Aufsichtsratsposten mit Frauen besetzen. Welche gesellschaftlichen Veränderungen damit tatsächlich eintreten werden, bleibt mit Spannung abzuwarten.
(http://www.bmfsfj.de/RedaktionBMFSFJ/Abteilung4/Pdf-Anlagen/ praesentation-gesetz-frauenquote,property=pdf,bereich=bmfsfj,sprache=de,rwb=t rue.pdf, abgerufen am 17.12.2014).

2.3.4   Menschen aus anderen Kulturen

Was ist eigentlich ein Migrant?
Während im Deutschen Rechtssystem der Begriff Migrant nicht als Unterscheidungsmerkmal benutzt wird, ist dort nach wie vor von Ausländern und Inländern die Rede. Der Begriff Ausländer wurde umgangssprachlich in den letzten Jahren zunehmend durch „Migrant" ersetzt. Der Begriff „Migrant" (von lat. migrare = wandern) bezeichnet in Deutschland weitestgehend alle nach 1949 Zugewanderten sowie alle in Deutschland Geborenen, bei denen beide Eltern oder ein Elternteil zugewandert oder Ausländer ist. Dabei ist es unerheblich, ob die Person durch ihr Aussehen, ihren Namen, ihre Sprachkenntnisse oder ihre Staatsangehörigkeit als „migrantisch" auffällt oder nicht (vgl. Statistisches Bundesamt 2010; Schondelmayer 2014, S. 14). Aus der Sicht des Critical Whiteness-Konzeptes sind Begriffe wie „Migrant" oder „Menschen mit Migrationshintergrund" willkürliche Konstrukte, mit denen markiert wird, dass es sich dabei um Problemgruppen handelt. Zum Vergleich: In Amerika ist semantisch die Rede von Citizens, Foreigners und Immigrants, die in First und Second Generations unterschieden werden.

Menschen mit Migrationshintergrund gelten als Minderheiten und haben tendenziell schlechtere Chancen beim Zugang zum Arbeitsmarkt. Zu den Erklärungen für diesen Tatbestand werden häufig Mängel im Bereich der allgemeinen, sprachlichen und beruflichen Qualifikation angeführt und als mögliche Ursache für die insgesamt geringere Teilnahme von Zuwanderern und ihren Nachkommen am deutschen Arbeitsmarkt diskutiert. So zeigte der Integrationsreport 2011, dass Menschen mit Migrationshintergrund auch deutlich häufiger arbeitslos gemeldet sind. (vgl. Seebaß et al. 2011, S. 67). Im neuen Bericht der Integrationsbeauftragten von 2014 zeigt sich, dass von den 30 % männlichen „Bildungsverlierern" 20 % Migranten sind. (vgl. www.bundesregierung.de/Content/DE/Pressemitteilungen/ BPA/2014/10/2014-10-29-integration-bericht.html).

Dabei geht häufig unter, dass ein nicht unerheblicher Anteil der hier lebenden erwachsenen Migrant-/innen über Abschlüsse verfügt, die in Deutschland nicht anerkannt werden. Der geringe sozioökonomische Status der früheren Migrantengenerationen (oftmals Gastarbeiter), der sich in schwächeren Aufstiegsmöglichkeiten und einem geringeren Humankapital äußert, spiegelt sich auch heute noch in durchschnittlich geringeren Qualifikationen der nachkommenden Generationen wider (vgl. Peucker 2010, S. 38 f.). In diesem Zusammenhang sollte beachtet werden, dass vermeintlich unzureichende Bildungsqualifikationen und mangelnde Sprachfähigkeit nicht nur als individuelles Problem zu betrachten sind, sondern häufig in Verbindung mit sozialen und strukturellen Faktoren stehen und somit auch Resultat unzureichender Qualifizierungsmaßnahmen (institutionelle Diskriminierung) sein können (vgl. Treichler 2010, S. 112).

Die in Deutschland häufig fehlende Anerkennung im Ausland erworbener Bildungs-Abschlüsse (insbesondere bei Flüchtlingen und Asylbewerbern) führt tendenziell dazu, dass die Betroffenen unter ihrem eigentlichen Qualifikationsniveau arbeiten müssen oder von Arbeitslosigkeit betroffen sind. Dieser Aspekt ist auch vor dem Hintergrund demografischer Veränderungen interessant, da aufgrund des Fachkräftemangels ausländische Fachkräfte verstärkt angeworben werden, obwohl bereits Potentiale im eigenen Land bestehen.

Dennoch lässt sich feststellen, dass sich im Bereich der Anerkennung etwas tut: so trat am 1. April 2012 das Anerkennungsgesetz in Kraft, dass sich mit der Anerkennung von Berufsabschlüssen aus anderen Ländern auseinandersetzt. Weitere Entwicklungen und Verbesserungen in diesem Bereich hält der aktuelle Bericht (April 2014) zum Anerkennungsgesetz des Bundesministeriums für Bildung und Forschung bereit (vgl. Bundesministerium für Bildung und Forschung 2014). Eine weitere Erklärung für die Marginalisierung von Migranten auf dem Arbeitsmarkt ist die in verschiedenen Studien festgestellte direkte und indirekte Diskriminierung:

So titelte vor einiger Zeit Spiegel Online: „Tobias wirft Serkan aus dem Rennen". Hintergrund ist eine Studie der Arbeitsmarktforscher Kaas und Manger

(2010), die frischen Wind in den Diversity- und Diskriminierungsdiskurs bringt. Sie konstruierten im Rahmen ihrer Studie fiktive Bewerberprofile von zwei Wirtschaftsstudenten. Sie bewarben sich um ein Praktikum neben ihrem Wirtschafts-Studium. Ihre Bewerbungsunterlagen enthielten in Puncto Qualifikation, Herkunft, Alter und Muttersprache identische Angaben. Lediglich der Name unterschied sich und ließ die beiden jungen Männer assoziativ mit deutscher oder türkischer Herkunft in Verbindung bringen. Nach 1000 eingereichten Bewerbungen zeigte sich, dass der Bewerber mit türkischem Namen Serkan insgesamt 14 % weniger positive Antworten erhielt als der Deutsche namens Tobias. In kleineren Unternehmen zeigte sich die Benachteiligung noch ausgeprägter, denn hier erreichte Serkan eine 24 % geringere Chance auf ein Vorstellungsgespräch. Bei der zusätzlichen Einreichung eines Empfehlungsschreibens früherer Arbeitgeber erzielte Serkan jedoch fast dieselben Ergebnisse wie Tobias.

Auch andere Forschungsgruppen wie z. B. Liebig und Widmaier (2009) zeigen in ihrer Studie, dass sich die Beschäftigungschancen in Deutschland auch bei gleicher Qualifikation stark unterscheiden. Besonders im Bereich der Hochqualifizierten haben Menschen mit Migrationshintergrund deutlich schlechtere Chancen als Mitstreiter/innen ohne Migrationshintergrund. Im Bereich geringqualifizierterer Arbeitsstellen sei dies zwar auch der Fall, im Vergleich jedoch weniger stark ausgeprägt. (vgl. Liebig und Widmaier 2009, S. 29 ff.).

Auch im dualen Ausbildungsbereich bestehen trotz gleicher Qualifikation enorme Ungleichheiten zwischen Deutschen und Migranten (vgl. Imdorf 2010). Zu ähnlichen Ergebnissen kommen auch Seibert und Solga (2005), die in ihrer Untersuchung der Frage nachgehen, ob ein qualifizierter Ausbildungsabschluss unabhängig von der ethnischen Herkunft zu einer qualifizierten beruflichen Tätigkeit führt. Mithilfe der Analyse von Mikrozensusdaten legen die Forscher dar, dass der Zugang zu einer qualifizierten Beschäftigung insbesondere für türkische Ausbildungsabsolventen/innen trotz gleicher Qualifikationen mit Barrieren verbunden ist. Bewerber/innen mit türkischem Namen sind länger auf der Suche nach einem Ausbildungsplatz als Jugendliche mit deutschem Namen (vgl. Schneider et al. 2014, S. 4 ff.).

Mit Blick auf die Verwendung des Begriffs „Migrationshintergrund" zeigt sich dabei in den meisten Studien eine verkürzte Darstellung der Problematik, da sie insgesamt den Eindruck erwecken, alle Menschen mit Migrationshintergrund seien gleichermaßen von Diskriminierungen im Bewerbungskontext betroffen. Dabei beziehen sich die Studien – wie die oben zitierte mit Serkan und Tobias – ausschließlich auf konstruierte Bewerberprofile von Menschen mit deutschem oder türkischem Namen. Es zeigt sich als mögliche Erklärung immer wieder der Befund, dass „Tendenzen einer Bevorzugung bestimmter ethnischer Bezugsgruppen" bestehen und dementsprechend „bestimmte Personen trotz gleicher Qualifikationen und gleicher Bewerbungsqualität aufgrund ihrer ethnischen Merkmale keine Einladung zum Vorstellungsgespräch erhalten" (Schneider et al. 2014, S. 29, vgl. Berger 2011).

Ausgehend von diesen Ergebnissen liegt die Vermutung nahe, dass bei der Personalauswahl nicht nur objektiven Kriterien, wie etwa das Qualifikationsprofil der Bewerbenden zählt, sondern auch Vorbehalte eine Rolle spielen, die sachlich nicht gerechtfertigt sind und in keinem Zusammenhang zur ausübenden Tätigkeit stehen. Ein Name oder ein Lichtbild reichte stattdessen aus, um implizit oder explizit kulturelle, sprachliche oder religiöse Zuordnungen vorzunehmen, die aus Arbeitgeberperspektive offensichtlich als problematisch und hinderlich eingestuft wurden.

Dieser Befund wird von Ergebnissen einer Forschergruppe untermauert, die Integrations- und Ausgrenzungsprozesse von türkischstämmigen Migrant/innen anhand von qualitativen Interviews mit Personalchefs erforschten. Sie kamen zu dem Ergebnis, dass der türkischen Bewerbergruppe Attribute zugeschrieben werden, die sich im Rekrutierungsprozess sehr ungünstig auf die Arbeitsmarktchancen auswirken. Besonders türkischen männlichen Migranten wurde dabei zum Beispiel eine „Basarmentalität", „machohaftes Auftreten" oder auch „fehlende Teamfähigkeit" unterstellt (Gestring et al. 2006, S. 163 f.).

Nach den Antidiskriminierungsrichtlinien der Europäischen Union handelt es sich in solchen Fällen um eine Form der unmittelbaren Diskriminierung. Diese liegt vor, wenn eine Person aufgrund bestimmter Diskriminierungsmerkmale in einer vergleichbaren Situation eine weniger günstige Behandlung erfährt. Die dargestellten Studienergebnisse zeigen exemplarisch, dass Diskriminierung und Benachteiligung von Menschen mit Migrationshintergrund beim Zugang zum Arbeitsmarkt trotz rechtlicher Richtlinien, wie dem Allgemeinen Gleichbehandlungsgesetz nach wie vor ein aktuelles Phänomen darstellen. Sie verdeutlichen – ähnlich wie die Roland-Berger-Studie- die bestehende Diskrepanz von Antidiskriminierungshaltungen in rechtlichen und politischen Diskursen und die gleichzeitige Gegenwärtigkeit von Diskriminierung in zentralen gesellschaftlichen Bereichen wie dem Arbeitsmarkt.

Was sagt die (Gehirn-) Forschung zum Vorgehen von Personalverantwortlichen im Rekrutierungsprozess?

Aus ethnologischer Sicht ist menschliches Denken und Fühlen universell – d. h. es hat sich in allen ca. 7000 (Sprach-) Kulturen der Welt evolutionär in ähnlicher Weise herausgebildet:

> Menschliches Denken und Fühlen wurde in der Evolution in kleinen, lokalen Gruppen geformt [...] Dementsprechend sind *‚Wir'-Gruppen-Orientierung und Abgrenzung* von anderen Gruppen ein gewohntes und aus Gruppenperspektive oft funktionierendes Verhalten. (Antweiler 2014, S. 16, Herv. d. A.)

Einander ähnliche – homogene – Gruppen stellen für den einzelnen sicherlich eine Quelle von subjektiver Sicherheit und großem Wohlbefinden dar. Das kennt jede/r von uns aus eigener Anschauung aus der Familie, dem Verein oder der Selbsthilfegruppe. Für Organisationen jedoch bergen ähnlich zusammengesetzte Gruppen ein hohes Risiko, weil sich dadurch der Pool zukünftiger Fach- und Führungskräfte mit anderen Sichtweisen und Erfahrungshintergründen ohne Not verringert. Außerdem tragen sehr ähnliche Gruppen das Risiko *selektiver Wahrnehmung* und blinder Flecken in sich, was sich in Konformitätsdruck und Ausschluss alternativer Ideen ausdrücken kann.

Und: Unternehmen können mit einer so kohärenten Wahrnehmungsbrille schlecht auf die vielfältigen Herausforderungen der Zukunft reagieren (vgl. Edding et al. 2014, S. 5 ff.). Dies zeigen zum Beispiel die Geschichten etwa durch Insolvenz untergegangener Unternehmen immer wieder.

> Die heutige Herausforderung besteht darin, die Kulturen der Welt mit Institutionen und Ideen auszustatten, die ein Zusammenleben auf dem vernetzten Globus organisieren – ohne diese ‚Wir'-Gruppen-Neigung auszublenden. (Antweiler 2014, S. 16, Herv. d. A.)

© Springer Fachmedien Wiesbaden 2015

A. Bentner, S. Dylong, *Mehr Diversity im demografischen Wandel,* essentials,
DOI 10.1007/978-3-658-10335-4_3

Übertragen auf Organisationen bedeutet das, die entsprechenden Auswahl-Prozesse nicht nur schematisch ablaufen zu lassen nach dem Motto: Stapel A (sieht passend aus- wird eingeladen), B (als Ersatz denkbar) und C (passt nicht- sofort absagen), sondern sich auch der eigenen evolutionären Herkunft unseres Sicherheit spendenden „Wir-Gefühls" bewusst zu werden und sich vor voreiliger Ausgrenzung potenziell doch geeigneter Kandidat/-inn/en zu hüten. Die Überwindung alter Denkmuster gestaltet sich jedoch gar nicht so einfach, wie ein Befund aus der Gehirnforschung zeigt:

> Man sieht nicht das, was ist, sondern nur das, was man sehen will. Dabei ist so viel Vorerfahrung im Gehirn, dass man nur wenig Neues zulässt, um das Alte nicht zu sehr zu erschüttern. Bei der Gesichtserkennung greifen Sie zu 80 % auf alte Informationen zurück, weil sie wissen, wie ein Gesicht ungefähr aussieht. Und nur 20 % widmen Sie dem Ihnen jetzt gegenüber sitzenden Menschen. (Hüther 2013, S. 22–23)

Dieses Phänomen konnten wir in zahlreichen Assessment Centern immer wieder beobachten: Die Beobachter fokussieren sehr schnell auf Bekanntes und Erwünschtes im Verhalten der Bewerbenden. Zeigen diese z. B. bei Gruppenaktivitäten unerwartete Stärken und positiv abweichendes Verhalten, tun sich Personaler sehr schwer damit, dieses Verhalten mit ihren „Seh- oder Hörgewohnheiten" abzugleichen und bei der Einschätzung der Kandidaten evt. nochmals umzuschwenken.

Im Bewerbungsprozess kommt es demnach eben nicht nur auf qualifizierte Bildungsabschlüsse an, sondern vor allem der „richtige Stallgeruch" zählt. Vor allem bei den Spitzenpositionen in der Wirtschaft haben promovierte Bewerber/innen aus gehobener gesellschaftlicher Schicht deutlich bessere Chancen, als Mitbewerbende aus der Arbeiterklasse. So zeigt der Eliteforscher Michael Hartmann anhand eigener Studien, dass vergleichbare Abschlüsse und ähnliche Erfahrungshintergründe auf den oberen Sprossen der Karriereleiter kaum noch Entscheidungsgewicht haben, stattdessen kommt es auf die *soziale Herkunft* und den dadurch geprägten Habitus an. Feststellbare Ähnlichkeiten in Bezug auf den Charakter ermöglichen dem Personaler nämlich eine bessere Einschätzung der Person und deren Verhaltens- und Umgangsweisen auch in kritischen Situationen. *Die soziale Herkunft gilt somit als sicherste Bewertungsgrundlage für ähnliche Verhaltens- und Beurteilungsmuster.* Die Notwendigkeit eines klassenspezifischen Habitus steigt mit der Höhe der Position und lässt sich Hartmann zufolge anhand folgender Persönlichkeitsmerkmale feststellen: Kenntnis der geltenden Dress- und Benimmcodes, breite humanistische Allgemeinbildung, unternehmerisches Denken und optimistische Lebenseinstellung sowie souveränes Verhalten und Parkettsicherheit (vgl. Hartmann 2002, S. 24 ff.).

In einem innovativen Rekrutierungsprozess, der kulturelle und personelle Vielfalt zum Ziel hat, geht es im Grunde jedoch darum, die anspruchsvolle Gratwanderung zwischen der eigenen „Wir"-Kultur (z. B. des eigenen Unternehmens), den erlernten Seh-Gewohnheiten, Erwartungen und der Kultur der anderen – Bewerbenden aus anderen Kulturen, anderen Geschlechts, Alters oder anderer Religion – die man eben noch nicht kennt, vielleicht kennenlernen möchte und gleichzeitig auch das Scheitern fürchtet – so zu bewältigen, dass beide Seiten am Ende zufrieden sein können. Das ist eine anspruchsvolle und herausfordernde Angelegenheit, die die Bereitschaft voraussetzt, eigene Wahrnehmungs- und Handlungsmuster kritisch zu hinterfragen.

Praxisimpuls Talent Management
Zielgruppendiversifizierung ist ein Element von Diversity-Management. Mitarbeitervielfalt stärkt international agierende Unternehmen durch die Mischung verschiedener Sichtweisen und kultureller Hintergründe und ermöglicht ihnen eine größere Fähigkeit zur Problemlösung.
Eine von vielen Möglichkeiten hierzu bildet z. B. das Talent-Relationship-Management. Dieses ist die interne Variante zum Customer-Relation-Management. Unternehmen können sich einerseits davor schützen, dass ihre vorhandenen Leistungsträger abgeworben werden und gleichzeitig einen kontinuierlicher Pool an potenziellen (Nachwuchs-) Mitarbeitenden aufbauen. Dabei können Kontakte zu ehemaligen Praktikanten, früheren guten Bewerbenden, die nicht zum Zuge gekommen sind, in den (vorzeitigen) Ruhestand ausgeschiedenen Experten usw. gepflegt und bei Bedarf schnell neu geknüpft werden. Auch die Öffnung von Organisationen für Seiteneinsteiger mit diskontinuierlicher Erwerbsbiografie kann neue Perspektiven ermöglichen (Hartmann 2015, S. 14 ff.).

3.1 Möglichkeiten zur Entscheidungsfindung: Was ist wichtig beim Thema Wahrnehmung und Abgrenzung für die Personalauswahl?

Der Prozess der Entscheidungsfindung findet im Grunde ständig statt, weil unser Gehirn permanent damit beschäftigt ist, Komplexität zu reduzieren. Es lassen sich zwei Arten des Entscheidungs-Findens unterscheiden: *implizites* – also unbewusstes Entscheiden, ohne dass ich es merke versus *explizites* – bewusstes Reflektieren von Informationen. Die meisten Entscheidungen in Organisationen werden zwar explizit getroffen auf der Basis von Zahlen, Daten und Fakten. Wie wir aber weiter oben gesehen haben, neigen wir Menschen dazu, uns diese expliziten Daten auch im Sinne des Selbstklonens so zurechtzulegen, dass sie für uns Sinn machen. Das hat damit zu tun, dass unser Gehirn die meisten Entscheidungen *implizit* fällt, weil jeder Denkakt in Erinnerungszusammenhänge und Emotionen eingebettet ist. Implizite Entscheidungen können auch falsch sein, aber sie sind nie völlig aus der Luft gegriffen sondern basieren auch durchaus auf einer intuitiven Auseinandersetzung mit einem Sachverhalt. (vgl. Pöppel 2012).

Fehler bei der Entscheidungsfindung

In Entscheidungsfindungsprozessen unterlaufen uns in der Regel vier klassische Fehler:

1. Fehler: wir überschätzen unsere naturgegebenen Analysefähigkeiten. Unser Gehirn hat sich so entwickelt, dass uns nicht alles, was wir erfassen und bedenken, jederzeit zugänglich ist
2. Fehler: wir überschätzen unsere persönlichen Erfahrungs- und Denkmöglichkeiten. Wir sind biografisch und kulturell unterschiedlich geprägt, deshalb sind unsere Erfahrungs- und Denkmöglichkeiten begrenzt.
3. Fehler: unser Denken bildet sich nie eindeutig in unserer Sprache ab. Sprache ist nur ein Ausschnitt des Bedachten. Oft wird dem geglaubt/ gefolgt, der am lautesten redet oder am dominantesten auftritt. Dieses Phänomen lässt sich sehr gut in Gruppen beobachten. So kommen Fehlentscheidungen zu Stande.
4. Fehler: Wir können nicht anders, als im Wahrnehmen und Denken auf theoretische Referenzrahmen zurückzugreifen. Diese sind Vorurteile, nicht Wahrheiten, diese gilt es, sich bewusst zu machen. (Pöppel 2012, S. 2–3)

Dazu passt die Studie einer jungen Münchner Forscherin zur Entscheidungsfindung bei der Personalauswahl: Die Kommunikationswissenschaftlerin Carolina Kleebaur (2007) kommt in ihrer explorativen Studie zum Thema „Erfahrungswissen bei der Personalauswahl" zu dem Ergebnis, dass Mitarbeiter professioneller Personalberatungen auch bei der Analyse von Bewerbungsunterlagen stark auf „gefühlsmäßige" Entscheidungsfaktoren achten. Bei der Einschätzung der Persönlichkeit eines Bewerbers und der Passung zum Unternehmen nannten die von ihr befragten Personaler an mehreren Stellen Schlüsselwörter wie *Bauchgefühl, Intuition oder Fingerspitzengefühl*, wenn es um Entscheidungskriterien bei der Personalrekrutierung ging. Daher könne auch hier davon ausgegangen werden, dass bei Beurteilungen ein gewisser Anteil von individuellen und oftmals nicht bewussten Denk- und Handlungsweisen mit einfließt und die Analyse der Bewerbungsunterlagen in der Praxis eher intuitiv als systematisch erfolgt. (vgl. Kleebaur 2007, S. 3, 26).

Bei Entscheidungen ist daher immer mit Beurteilungsfehlern und Verzerrungen zu rechnen. Der sog. „Halo- Effekt" gilt dabei als extremste Form der Beurteilungsverzerrung. „Halo" bedeutet so viel wie Überstrahlungseffekt und bezeichnet in der Psychologie das Phänomen, dass ein als positiv oder negativ bewertetes Merkmal auf die Gesamtbeurteilung der Person übertragen wird. Ein hervorstechendes Merkmal kann so die gesamte Beurteilung der Person verfälschen und der Tendenz zum Selbstklonen Vorschub leisten. Bestehende Ähnlichkeiten können sich so als vorteilhaft und vermeintliche Differenzen als nachteilig auswirken (vgl. Hohlbaum und Olesch 2010, S. 163; Weuster 2012b, S. 2). So kann zum Beispiel das Geschlecht, Alter, die gesellschaftliche Herkunft, derselbe Wohnort oder ein gemeinsames Hobby bereits erste Sympathien hervorrufen.

Doch welche Konsequenzen haben diese Befunde für eine professionelle Personalauswahl?

Ein Blick in die Wissenschaft zeigt einen immensen Zuwachs an standardisierten und rationalen personaldiagnostischen Instrumenten und Empfehlungen. Aktueller Höhepunkt ist die Veröffentlichung der DIN 33430 mit dem Ziel, den kompletten Rekrutierungsprozess objektiv standardisiert und valide zu gestalten (vgl. Kleebaur 2007, S. 2. f.). Eine absolute Objektivität wäre etwa dann gegeben, wenn Entscheidungen völlig unabhängig davon, wer die Instrumente anwendet und auswertet, zu vergleichbaren Ergebnissen führen. Gerade für unerfahrene Personaler sind solche Standards möglicherweise von Vorteil, weil sie von vereinheitlichten Prozessen profitieren und ihre Beurteilungskompetenz schulen können. Gleichzeitig ermöglichen sie jede/m/r Bewerber/in ein vergleichbares und faires Bewerbungsverfahren und erleichtern die Nachvollziehbarkeit für Andere. Andererseits werden die subjektiven und menschlichen Aspekte von Personalauswahlentscheidungen dabei nicht berücksichtigt (vgl. Ebenda, S. 25). So betonen die von Kleebaur befragten Experten, dass intuitive Gefühle ein ganz „entscheidendes Puzzlestück" bei der Bewerberbeurteilung sind. Optimale Entscheidungen bei der Personalauswahl erfordern ein Zusammenspiel von „Kopf, Herz und Bauch" und somit eine Verknüpfung von rationalen und subjektiven Entscheidungsparametern (vgl. Ebenda, S. 189).

Um diese Vernetzung erfolgreich zu bewerkstelligen, ist es wichtig, die erfahrungsbasierte- intuitive Handlungskompetenz von Personalentscheidern ebenfalls zu stärken. Hierfür sind entsprechende Qualifizierungsprogramme notwendig, die sich an wissenschaftlich fundierten erfahrungsgeleiteten Lernmethoden orientieren und einen Aufbau von Handlungswissen und Handlungskompetenzen ermöglichen (vgl. Kleebaur 2007, S. 191). Dies stellt einen wichtigen Schritt für die Einführung eines Diversity – Managements dar, weil die Reflektion bisheriger (bewusster und unbewusster) Bewertungsmuster und Auswahlstrategien neu überdacht und modifiziert werden können. Zielperspektivisch könnte dies zu einer stärkeren Durchmischung personeller und kultureller Vielfalt auf allen Organisationsebenen führen.

Ausgewählte Praxis-Impulse für ein innovatives Personalmanagement der Zukunft

Im Folgenden stellen wir ohne Anspruch auf Vollständigkeit einige ausgewählte Konzepte vor, mit denen Organisationen die aktuell häufigsten Klippen im HR-Management kreativ umschiffen könnten.

4.1 Vorurteilsfreie Rekrutierung

Eine mögliche Alternative zu bisherigen Bewerbungsverfahren bilden die an der TU München entwickelten Rekrutierungs-Empfehlungen, in dem einige Elemente aus dem in Deutschland bisher wenig verbreiteten anonymisierten Bewerbungsverfahren enthalten sind (vgl. Antidiskriminierungsstelle des Bundes 2012):

> **Empfehlungen zu einer vorurteilsfreien Personalauswahl (TU München)**
> Eine Forschungsgruppe der TU München empfiehlt folgendes Vorgehen:
> 1. *Anstatt in Stellenanzeigen globale Kriterien wie „Durchsetzungsstärke" oder „Entscheidungsstärke" auszuschreiben, die schwer überprüfbar sind, besser ganz konkrete erfolgskritische Verhaltensweisen definieren und systematisch prüfen. „Formulieren Sie die Anforderungen so konkret wie möglich. Legen Sie stattdessen fest, welches konkrete Verhalten erfolgreiche StelleninhaberInnen zeigen müssen, z. B. „verschiedene Handlungsoptionen aufzeigen", „Bewerten der definierten Handlungsoptionen anhand vorab identifizierter Kriterien".*

© Springer Fachmedien Wiesbaden 2015
A. Bentner, S. Dylong, *Mehr Diversity im demografischen Wandel*, essentials,
DOI 10.1007/978-3-658-10335-4_4

2. *In Ausschreibungen auf eine ausgewogene Wortwahl achten. Frauen fühlen sich z. B. eher angesprochen, wenn die Stelle in der sog. Beidnennung formuliert ist („Leiter/Leiterin der Abteilung XY") ,als wenn sie klassisch formuliert ist („Leiter der Abteilung XY (m/w))"*

3. *Bewerbungen möglichst anonymisieren, mindestens jedoch auf das Bild verzichten. „Geben Sie die Bewerbungsunterlagen an die UrteilerInnen am besten ohne Fotos der BewerberInnen weiter. Das äußere Erscheinungsbild einer Person hat einen großen Einfluss auf die Eindrucksbildung. Dieser erste Eindruck lässt sich durch nachfolgende Informationen oft nur schwer revidieren – egal, ob er positiv oder negativ ist. Falls Sie ein Online-Bewerbungstool nutzen, speichern Sie Informationen zu Aussehen, Alter, Geschlecht oder Nationalität separat ab".*

4. *Lassen Sie die Bewerbenden (schriftliche) Arbeitsproben abgeben. Wenn Sie anhand der schriftlichen Unterlagen einen positiven Eindruck von einigen BewerberInnen gewonnen haben, testen Sie ihre praktischen Fertigkeiten für die Position. Die Leitfrage: Wie gut sind die BewerberInnen in der Lage, praktische Aufgabenstellungen des zukünftigen Arbeitsfelds zu lösen?*

Tipps zum Vorgehen:

Überlegen Sie auf Basis des Anforderungsprofils, welche Fertigkeiten Ihnen auf Seiten der BewerberInnen besonders wichtig sind, und wie diese durch eine nicht zu umfangreiche, klar definierbare Aufgabe getestet werden können. Hier bietet es sich besonders an, mit aktuellen StelleninhaberInnen über deren konkrete, praktische Aufgaben zu sprechen.

Senden Sie den BewerberInnen die genaue Aufgabenstellung zu. Damit Sie die Leistungen der BewerberInnen im Vergleich beurteilen können, sollte die Ausgangssituation für alle gleich sein. Geben Sie allen BewerberInnen den gleichen Zeitraum zur Bearbeitung der Arbeitsprobe. Machen Sie den Aufwand der Arbeitsprobe für die BewerberInnen planbar, indem Sie Angaben zum Umfang der erwarteten Ergebnisse geben (z. B. eine Ausarbeitung von maximal zwei DIN A4 Seiten anfertigen). Stellen Sie sicher, dass die Arbeitsprobe spezifisch und herausfordernd ist, so dass nicht Teile aus anderen Quellen (z. B. Bewerbungsratgeber) kopiert werden können, und sich Unterschiede zwischen einer guten und einer schlechten Leistung eindeutig erkennen lassen.

> Beispiele für Arbeitsproben im Arbeitskontext Wirtschaft:
> - Vorschläge zur Verbesserung betrieblicher Abläufe
> - Entwurf für ein neues Konzept (z. B. zur Kundenansprache)
> - Erstellung eines Projektplans zum Thema XY
> - E-Mail Anschreiben an andere Abteilungen
>
> (Quelle: Welpe et al. 2014, S. 34/http:/www.abf.wi.tum.de)

4.2 Alternsgerechtes Personalmanagement

Zukünftiges Personalmanagement in einem Arbeitsmarkt, in dem Unternehmen um Arbeitskräfte werben müssen, wird sich durch eine langfristige Orientierung und Personalentwicklung auszeichnen. Das bedeutet eine systematische Begleitung der Belegschaft durch deren Erwerbsbiografie, um auch im Alterungsprozess Leistungspotenziale besser nutzen zu können. Ein innovatives, zukunftsfähiges Personalmanagement sollte diese 3 Schritte umfassen: *Finden – Binden – Neu-Positionieren*.

Mit *Finden* ist nicht mehr nur die bisher übliche Rekrutierung von High-Potentials und leistungsstarken jungen Mitarbeitenden gemeint, sondern im Sinne von Mentoring eine langfristige Begleitung und Integration ins Unternehmen.

Binden meint eine kontinuierliche Personalentwicklung und das Bereitstellen lernförderlicher Arbeitsmöglichkeiten z. B. durch neuartige Karrierewege über Projekte und nicht mehr nur vertikal auf der klassischen Karriereleiter nach oben. Insbesondere ältere Mitarbeitende sollten sich nicht, wie heute vielfach praktiziert in die Lernentwöhnung verabschieden dürfen, sondern mit auf ihren Lernbedarf zugeschnittenen PE-Angeboten angesprochen und gefördert werden.

Mit *Neu-Positionieren* ist das Schaffen neuer Perspektiven insbesondere für alternde Belegschaften gemeint, neue Perspektiven beim Arbeitseinsatz und gleitende Übergänge in die Rente. Dieser Teil dürfte die größte Herausforderung darstellen, da wir bisher hier am wenigsten Erfahrungen haben (vgl. Buck 2002, S. 67).

Bisherige Konzepte alternsgerechter Beschäftigung fokussieren überwiegend auf (meist ehrenamtliche) Tätigkeiten für Ruheständler im sozialwirtschaftlichen Bereich (vgl. Heinecke; Müller 2015). Im Zuge der zunehmenden Altersarmut gerade von Frauen kann ein ehrenamtliches Engagement hierfür keine angemessene Lösung darstellen, sondern es ist unabdingbar, auch bezahlte Tätigkeiten für das Alter vorzuhalten. 2014 waren bereits drei Prozent aller über 65-Jährigen auf ergänzende Sozialhilfe angewiesen, mit steigender Tendenz (http://www.zeit.de/wirtschaft/2014-11/altersarmut-rente-sozialhilfe-grundsicherung, abgerufen am 12.3.2015).

4.3 Best Practice: Die JOBLINGE – Chancen für Jugendliche und Unternehmen

Die Initiative JOBLINGE wurde initiiert von The Boston Consulting Group und der Eberhard von Kuenheim Stiftung der BMW AG und ist ein Angebot von Wirtschaft und Zivilgesellschaft mit dem Ziel, benachteiligte Jugendliche nachhaltig in den ersten Arbeitsmarkt, in Ausbildung oder Anstellung, zu integrieren.

Interview mit Christiane Schubert von den JOBLINGEn FrankfurtRhein-Main

Frage: Die JOBLINGE sind ein ziemliche junges und ziemliche erfolgreiches Unternehmen – es gibt sie erst seit 2007. Nach sieben Jahren 2014 haben Sie die Auszeichnung des Bundes „Integrationsprojekt des Jahres 2014" bekommen. Bei Ihnen können Jugendliche im Übergang zwischen Schule und Beruf, die in unserer Arbeitsgesellschaft normalerweise kaum Chancen haben, innerhalb von nur sechs Monaten eine Entwicklung durchlaufen, die in den meisten Fällen in eine Ausbildung oder eine Anstellung münden. Ihre Vermittlungsquote liegt in FrankfurtRheinMain bei sagenhaften 80 %. Was ist das Geheimnis Ihres Erfolges?

Zum einen ist es die Unterstützung einer Vielzahl von Partnerunternehmen, die bereit sind, sich auf unsere Jugendlichen einzulassen und ihnen die Chance geben, sich – unabhängig von ihren Schulzeugnissen und so mancher Lücke im Lebenslauf – in einem Praktikum zu beweisen und sich dadurch einen Ausbildungsplatz zu erarbeiten. Wir begleiten und unterstützen die Unternehmen und die Jugendlichen in der ersten Begegnung und auch der weiteren Zusammenarbeit, die für beide Seiten häufig zunächst ungewohnt und auch schwierig ist. Dadurch öffnen sich für die Joblinge Türen, die sonst verschlossen geblieben wären.

Ein weiterer Erfolgsfaktor ist die Unterstützung durch die zahlreichen ehrenamtlichen Mentoren. Jeder Jobling bekommt bei uns einen Mentor, mit dem er sich einmal pro Woche trifft. Die Mentoren sind Menschen, die erfolgreich im Berufsleben stehen und bereit sind, sich auf einen unserer Jugendlichen einzulassen, zuzuhören und mit Rat, Tat und beruflicher Erfahrung zur Seite zu stehen. Dadurch werden unsere Teilnehmer sehr individuell 1:1 betreut, und wir haben die Chance, für jeden das zu finden, was in seiner aktuellen Situation für ihn passt.

Entscheidend bei all dem ist das unternehmerische Denken. Wir arbeiten sehr eng und gut mit der Wirtschaft zusammen. Aufgrund der sehr bewusst gewählten Struktur einer gemeinnützigen Aktiengesellschaft haben wir uns dazu verpflichtet, unsere Zahlen offen zu legen und uns daran messen zu lassen. So hat die Vermittlungsquote eine große Bedeutung. Das spielt zudem eine entscheidende Rolle auf der Beziehungsebene zu unseren Teilnehmern: Wir verfolgen ein gemeinsames Ziel – wir möchten beide einen Ausbildungsplatz für den Teilnehmer finden. Das steht im Mittelpunkt – immer. Der Jobling ist an diesem Prozess aktiv beteiligt und wir erwarten von ihm, dass er den Weg mitgeht. Wir „helfen" ihm nicht, sondern wir unterstützen ihn auf seinem Weg in die Selbstständigkeit. Das ist ein großer Unterschied. Die Wertschätzung und das Zutrauen, das damit vermittelt wird, sind entscheidend für das Gelingen. Und das spüren die Joblinge bei uns in jedem Element des Programms – ob es die Unternehmensvertreter sind, die kommen, um ihren Betrieb und die Ausbildungsberufe vorzustellen, die Mentoren, die sich die Zeit nehmen, obwohl sie erfolgreich berufstätig zeitlich sehr eingebunden sind.

Frage: Und was passiert mit den 20%, die es nicht schaffen? Das hängt immer davon ab, warum sie es nicht schaffen. Da gibt es diejenigen, die wir als „verhindert" bezeichnen: Sie ziehen zum Beispiel um, werden schwanger oder brechen sich ein Bein – die haben dann die Möglichkeit, sich gegebenenfalls an einem der anderen unserer Standorte zu melden oder später noch einmal bei uns. Dann gibt es die, bei denen sich im Verlauf des Programms herausstellt, dass sie (zurzeit) nicht für den ersten Arbeitsmarkt geeignet sind, weil sie zunächst andere Unterstützung benötigen und zum Beispiel primär Therapiebedarf haben. Es gibt natürlich auch immer wieder Teilnehmer, die sich wiederholt nicht an unsere Regeln halten oder nicht mehr dazu zu bewegen sind, konstruktiv mit uns zusammenzuarbeiten. Die werden dann – nach entsprechender Abmahnung – vom Programm ausgeschlossen.

Frage: Ihre Hauptzielgruppe ist männlich, über 20 Jahre alt, verfügt über einen (Hauptschul-) Abschluss und hat Migrationshintergrund. Über die Hälfte kommt aus Familien, die Hartz IV beziehen. Interessant ist, dass diese jungen Männer alle schon bis zu drei Jahre ohne Beschäftigung oder Ausbildungsplatz waren, bevor sie zu Ihnen kommen. Viele haben auch kein blütenreines polizeiliches Führungszeugnis, sondern schon erste Erfahrungen mit Jugendkriminalität. Wie motivieren Sie diese jungen Leute?

Die Teilnahme an unserem Programm ist freiwillig. Das heißt, die jungen Menschen kommen zu uns über die Auftraggeber der öffentlichen Hand – die Jobcenter oder Sozialrathäuser – oder sie melden sich selbstständig, da sie von uns gehört haben. Die Teilnahme dieser Jugendlichen finanziert sich über Stipendienplätze. Wir laden sie zu einem Informationsgespräch ein, in dem wir ihnen unser Programm vorstellen und ihnen die Grundsätze der sich anschließenden Aufnahmephase erklären. Die Aufnahmephase besteht aus einem gemeinnützigen Projekt, das sich über zwei Wochen erstreckt und zu dem die Anwärter jeweils an drei Tagen pünktlich erscheinen müssen, um motiviert und im Team in zum Beispiel einem Kindergarten das Außengelände zu verschönern, im Zoo Bänke zu streichen, usw. Die Aufnahmephase hat zum einen den Hintergrund, dass wir ausschließlich mit Teilnehmern arbeiten, die ein Mindestmaß an Motivation von vornherein mitbringen.

Es zeigt sich sehr schnell, ob sie bereit sind, drei Tage lang ehrenamtlich zu arbeiten. Darüber hinaus ist es wichtig zu sehen, wie sie sich in einer Gruppe verhalten und ob sie ein Mindestmaß an sozialer Kompetenz und Belastbarkeit mit sich bringen und es schaffen, an den drei Tagen pünktlich zu erscheinen. Wenn man bedenkt, dass der Großteil der zukünftigen Joblinge daran gewöhnt ist, das Bett nicht vor 12 Uhr mittags zu verlassen, ist das eine Herausforderung. Zum anderen ist es aber für die Jugendlichen häufig auch das erste Erfolgserlebnis seit sehr langer Zeit, es geschafft zu haben, sich die Aufnahme zu erarbeiten. Das motiviert.

Zurück zur Informationsveranstaltung: Hier sind die Jugendlichen noch sehr skeptisch, haben meist schon zwei bis drei Maßnahmen hinter sich und erwarten bei uns die nächste, die ihnen „nichts bringt". Hören sie von unseren Vermittlungszahlen, identifizieren sie sich meist mit den 20 %, die es „nicht schaffen" – sie sind es so gewohnt. Dennoch melden sich die allermeisten an. Die Liste unserer Partnerunternehmen beeindruckt und lässt Hoffnung aufkommen.

Die Erfahrung in der Gruppe, das gemeinsame Arbeiten, macht dann meist Spaß. Endlich gibt es wieder eine Struktur und eine Aufgabe. Auch das motiviert. Wenn sie aufgenommen sind, machen wir ihnen immer wieder klar, dass sie freiwillig da sind. Unser Programm in den ersten acht Wochen vor dem Beginn der Praktika besteht aus Unternehmenspräsentationen, Trainings zu Bewerbung und Berufsorientierung, einem Kultur- und Sportprogramm, Projekten, die die Jugendlichen selbst planen und umsetzen, viel Theaterpädagogik, etc. Ziel ist zum einen die berufliche Orientierung, die Entwicklung von Job- und Sozialkompetenzen, die Förderung der Bereitschaft, sich auf Neues einzulassen, die Stärkung des Selbstbewusstseins und zum anderen der Aufbau einer Vertrauensbeziehung zum JOBLINGE-Team und zum Mentor, die belastbar ist, um in der darauffolgenden Praktikumsphase Krisen und Durchhängern begegnen zu können.

Das Programm ist anspruchsvoll. Wir machen den Jugendlichen immer wieder klar, dass wir sie fordern, da wir ihnen etwas zutrauen. Sie sind beeindruckt und fühlen sich ernst genommen – zum einen durch die Unternehmensvertreter, denen sie bereits in den ersten Wochen bei uns begegnen, zum anderen aber auch durch die Anforderungen, die in den Trainings an sie gestellt werden, die Gespräche mit dem Team und mit den Mentoren. Wir machen ihnen klar, dass wir sie möglichst schnell wieder loswerden wollen – und zwar in Ausbildung. Dieses gemeinsame Ziel ist das, was wir ihnen immer wieder vor Augen halten.

Frage: Handwerk und Mittelstand beklagen jetzt schon den Nachwuchs- und Fachkräftemangel, der demografisch gesehen aber noch auf sich warten lässt und erst im Jahr 2020 spürbar werden soll, so die Prognosen. Ihre Arbeit mit den Jugendlichen ist ja auch eine Dienstleistung und Chance für kleine und mittlere Unternehmen, die nicht die Energie aufbringen können, auch noch „schwierige"

Jugendliche professionell und umfassend zur Arbeitsmarkt-Reife zu entwickeln. Was können interessierte Unternehmen und Organisationen tun, die von Ihrer Arbeit profitieren und junge Menschen ausbilden oder einstellen wollen, die sonst ausgegrenzt würden?

Wir freuen uns, wenn sich interessierte Unternehmen bei uns melden. Wir setzen uns dann mit ihnen zusammen, stellen Ihnen die Initiative im Detail vor, sprechen über Bedenken und Möglichkeiten und überlegen gemeinsam, wie eine Zusammenarbeit aussehen könnte. Es gibt Unternehmen, die zunächst „nur" Praktikumsplätze zur Verfügung stellen, andere reservieren schon zu Beginn der Kooperation einen ihrer Ausbildungsplätze für einen Jobling. Dafür nimmt unser Unternehmenskoordinator dann direkten Kontakt zu dem Ansprechpartner im Unternehmen auf, erzählt von den potentiellen Kandidaten und bespricht die Vorgehensweise. Auch während des Praktikums ist der Unternehmenskoordinator jederzeit ansprechbar. Da er den Jugendlichen zu dem Zeitpunkt gut kennt und es bereits ein Unterstützernetzwerk aus den betreuenden Sozialpädagogen und dem Mentor gibt, kann er Fragen beantworten und bei Problemen vermitteln.

Die Unternehmen haben die Chance, den Jobling im Praktikum kennenzulernen. Schon oft passte es dann plötzlich und die Unternehmen fanden einen Auszubildenden, den sie aufgrund der Bewerbung bzw. des Lebenslaufs und der Zeugnisse vorher abgelehnt hätten. Darüber hinaus gibt es die Möglichkeit, dass Mitarbeiter aus den Unternehmen uns als Mentoren unterstützen. Sie lernen die Zielgruppe darüber aus einer anderen Perspektive kennen und entwickeln ihre Kompetenz, mit ihr umzugehen. Einige größere Unternehmen haben „Mentor sein bei JOBLINGE" bereits in ihrem Führungskräfteentwicklungsprogramm integriert.

Kontakt: www.joblinge.de

Fazit

5

Die Impulse aus Forschung und gelebter Praxis in dieser Broschüre zeigen, dass für die demografischen Herausforderungen der Zukunft im Personalmanagement ein Umdenken und Anders-Handeln unumgänglich sein wird. Das bedeutet auch, dass es u. a. Abschied zu nehmen gilt von manch lieb gewordenen Denkfiguren und Gepflogenheiten wie etwa der bisherigen Praxis der Frühverrentung ab Mitte 50, schematischen Ablaufprozessen bei Auswahlverfahren und der Ausgrenzung von Frauen in Führung oder jungen Menschen, die erst einmal nicht ins Bewerbungsraster zu passen scheinen. Das sind ganz gewaltige Herausforderungen für Entscheidungsträger in den Organisationen von morgen. Es ist wichtig, dass gerade Personalverantwortliche als Schlüsselpersonen diese Prozesse bewusst und (selbst-)reflektieren und sich die Konsequenzen ihrer jeweiligen Entscheidungen klar machen und mit neuen Diversity-Konzepten experimentieren. Unternehmen und Organisationen, die die erforderlichen Schritte in diese Richtung schon gehen und mutig weiter experimentieren, werden die Gewinner von morgen sein.

© Springer Fachmedien Wiesbaden 2015
A. Bentner, S. Dylong, *Mehr Diversity im demografischen Wandel,* essentials,
DOI 10.1007/978-3-658-10335-4_5

Was Sie aus diesem Essential mitnehmen können

- Fundierte Hintergrundinformationen zu den wichtigsten HR-Herausforderungen im demografischen Wandel
- Ausgewählte Tipps, Praxisbeispiele und Best Practice als Anregung für die Umgestaltung des eigenen HR-Managements
- Impulse für Personalverantwortliche und Führungskräfte bei der konzeptionellen Weiterentwicklung ihrer Diversity-Konzepte

© Springer Fachmedien Wiesbaden 2015
A. Bentner, S. Dylong, *Mehr Diversity im demografischen Wandel*, essentials,
DOI 10.1007/978-3-658-10335-4

Literatur

Antidiskriminierungsstelle des Bundes (2012) Pilotprojekt „Anonymisiertes Bewerbungsverfahren". Abschlussbericht. o.V., Berlin

Antidiskriminierungsstelle des Bundes (2013) Diskriminierungen im Bildungsbereich und im Arbeitsleben. Berlin

Antweiler C (2014) Die Vielfalt der Kulturen und die Einheit der Menschheit. SIETAR J Interkult Perspekt 20:15–17

Aronson E, Willson T, Akert R (2006) Sozialpsychologie, 6. Aufl. Pearson Verlag, München

Astheimer S (2014) Die Vorstandsfrau als Alibi ging in die Hose. Interview mit Thomas Sattelberger. FAZ v. 6./7. Dezember 2014, C1

Bade K (2014) Kulturvielfalt, Kulturangst und Negative Integration. SIETAR J Interkult Perspekt 20:4–6

Bendl R, Eberherr H, Mensi-Klarbach H (2012) Vertiefende Betrachtungen zu ausgewählten Diversitätsdimensionen. In: Bendl R (Hrsg) Diversität und Diversitätsmanagement. UTB Verlag, Stuttgart

Berger R, Strategy Consultants (2011) Dreamteam statt Quote. Studie zu „Diversity and Inclusion" (D & I/Vielfalts-und Einbeziehungsmanagement). Typoscript, München. Zugegriffen: 25. Aug. 2014

Bittner J (2014) Schwangerschaft für alle. Die Zeit (45):12

Buck H et al (2002) Demografischer Wandel in der Arbeitswelt. Bundesministerium für Forschung und Bildung. Broschürenreihe: Demografie und Erwerbsarbeit. o.V., Stuttgart

Bundesministerium für Bildung und Forschung (2014) Bericht zum Anerkennungsgesetz. Bertelsmann Verlag, Bielefeld

Deller J, Kolb P (2010) Herausforderung Demografie und Wandel der Arbeitsgesellschaft. In: Werkmann-Karcher B, Rietiker J (Hrsg) Angewandte Psychologie für das Human Ressource Management. Konzepte und Instrumente für ein wirkungsvolles Personalmanagement. Springer Verlag, Berlin, S 41–432

Dylong S (2014) Diskriminierungstheoretische Analyse und neue Methoden von Personalauswahlentscheidungen im ersten Bewerbungsschritt. Unv. Masterarbeit, FB Humanwissenschaften. TU Darmstadt

Edding C, Clausen G (2014) Führung. Frauen und ihre Chefs, Bd 1. Bertelsmann, Gütersloh

© Springer Fachmedien Wiesbaden 2015

39

A. Bentner, S. Dylong, *Mehr Diversity im demografischen Wandel,* essentials,
DOI 10.1007/978-3-658-10335-4

Edding C et al (2014) Geschlossene Gesellschaft? Wie Organisationen sich für Führungs-Frauen öffnen können. Organisationsentwicklung 33(4):4–10

Farsi A (2013) Migranten auf dem Weg zur Elite? Zum Berufserfolg von Akademikern mit Migrationshintergrund. Springer, Wiesbaden

Forberg M (2013) Critical whiteness. Mondial 19:44–48

Gestring N, Janßen A, Polat A (2006) Prozesse der Integration und Ausgrenzung. Türkische Migranten der zweiten Generation. VS Verlag für Sozialwissenschaften, Wiesbaden

Gmür M (1997) Geschlechterrollenstereotypen in der Führungskräfteauswahl. Diskussionsbeitrag Nr. 19 der Reihe: Management. Forschung und Praxis Universität Konstanz. Konstanz

Gomolla M, Radtke F (2003) Institutionelle Diskriminierung. Die Herstellung ethnischer Differenz in der Schule, 3. Aufl. VS Verlag für Sozialwissenschaften, Wiesbaden

Hartmann M (2002) Der Mythos von den Leistungseliten. Spitzenkarrieren und Herkunft in Wirtschaft, Politik, Justiz und Wissenschaft. Campus, Frankfurt a. M.

Hartmann M (Hrsg) (2015) Rekrutierung in einer zukunftsorientierten Arbeitswelt. Springer Gabler, Wiesbaden

Heinecke A, Müller S (2015) Nach der Karriere ist vor der Karriere. Entwicklung eines Arbeitsmarktes für Senioren. In: Hartmann M (Hrsg) S 119–134

Heintz B, Nadai E (1998) Geschlecht und Kontext. De- Institutionalisierungsprozesse und geschlechtliche Differenzierung. Z Soziol 27(2):75–93. (Enke Verlag, Stuttgart)

Hohlbaum A, Olesch G (2008) Human Ressources. Modernes Personalwesen, 3. Aufl. Merkur Verlag, Rinteln

Hormel U (2007) Diskriminierung in der Einwanderungsgesellschaft. Begründungsprobleme pädagogischer Strategien und Konzepte. VS Verlag für Sozialwissenschaften, Wiesbaden

Hüther G (2013) Die Welt der Einzelkämpfer ist am Ende angekommen. Interview mit dem Hirnforscher Gerhard Hüther. Ventur Cap Mag 11:22–23

Imdorf C (2010) Wie Ausbildungsbetriebe soziale Ungleichheit reproduzieren. Der Ausschluss von Migrantenjugendlichen bei der Lehrlingsselektion. In: Krüger H (Hrsg) Bildungsungleichheit revisited. Bildung und soziale Ungleichheit vom Kindergarten bis zur Hochschule. VS Verlag für Sozialwissenschaften, Wiesbaden, S 263–278

Kaas L, Manger C (2010) Ethnic discrimination in Germany's labour market: a field experiment. IZA Discussion Paper 4741, Bonn

Kanat PÖ (2011) Die Auswahlentscheidungen zur Bewerberauswahl. Ein Leitfaden für Studium und Praxis. Peter Lang Verlag, Frankfurt a. M.

Kleebaur C (2007) Personalauswahl zwischen Anspruch und Wirklichkeit. Wissenschaftliche Personaldiagnostik vs. erfahrungsbasiert-intuitive Urteilsfindung. Hampp Verlag Mering, München

Krings F, Kluge A (2008) Altersvorurteile. In: Petersen L-E, Six, B (Hrsg) Stereotype, Vorurteile und soziale Diskriminierung. Theorien, Befunde und Interventionen. Beltz Verlag Weinheim

Liebig T, Widmaier S (2009) Children of immigrants in the labour markets of EU and OECD countries. An Overview. OECD Social, Employment and Migration (Hrsg) Working Papers Nr. 97, Paris

Peucker M (2010) Arbeitsmarktdiskriminierung von MigrantInnen. Zwischen strukturellen Barrieren und interpersoneller Ausgrenzung. In: Heinrich Böll Stiftung (Hrsg) Dossier Rassismus und Diskriminierung in Deutschland. o.V., Berlin, S 38–44

Pöppel E (2012) Der Entscheider der Zukunft ist ein Wissender. In: Side step, Beiträge zu einer anderen Unternehmenskultur, März 2012. S 2–3

Schneider J, Yemane R, Weinmann M (2014) Diskriminierung am Ausbildungsmarkt. Ausmaß, Ursachen und Handlungsperspektiven. In: Sachverständigenrat deutscher Stiftungen für Integration und Migration (Hrsg) o.V., Berlin

Schondelmayer S (2014) Verrückte Kategorien! Ein Vorschlag, Migrationsforschung zu entmigrantisieren. SIETAR J Interkult Perspek 20:12–14

Seebaß K, Siegert M (2011) Migranten am Arbeitsmarkt Deutschland. In: Bundesamt für Migration und Flüchtlinge (Hrsg) Working Paper 36, Integrationsreport Teil 9, Berlin

Seibert H, Solga H (2010) Gleiche Chancen dank einer abgeschlossenen Ausbildung? Zum Signalwert von Ausbildungsabschlüssen bei ausländischen und deutschen jungen Erwachsenen. Z Soziol 34(5):364–382

Schlüter A (2010) Hat Bildung ein Geschlecht? In: Becker R, Kortendiek B (Hrsg) Handbuch der Frauen und Geschlechterforschung. Theorie, Methoden, Empirie, 3.erw. Aufl. VS Verlag für Sozialwissenschaften, Wiesbaden

Statistisches Bundesamt (2010) Fachserie 1, Reihe 2.2, Migration in Deutschland. S 5–6

Steppat T (2014) Junger Mann, was nun? Frankf Allg Sonntagszeitung (42):7

Theunert M (2014) Unsichtbare Bremser. Ein kritischer Blick auf Diversity-Arbeit. OrganisationsEntwicklung 33(4):38–43

Theissen B, Budras C (2010) Kandidat ohne Eigenschaften. FAZ v. 05.08.2010 C2

Treichler A (2010) Integration und Antidiskriminierung. Eine interdisziplinäre Einführung. Juventa Verlag, Weinheim

Welpe I et al (2014) Wenn Gleiches unterschiedlich beurteilt wird. OrganisationsEntwicklung (4):34

Weuster A (2012b) Personalauswahl II. Internationale Forschungsergebnisse zum Verhalten und zu Merkmalen von Interviewern und Bewerbern, 3. Aufl. Springer Gabler Verlag, Wiesbaden

Weuster A (2012a) Personalauswal I. Internationale Forschungsergebnisse zu Anforderungsprofil, Bewerbersuche, Vorauswahl, Vorstellungsgespräch und Referenzen, 3. Aufl. Springer Gabler Verlag, Wiesbaden

Online-Quellen

http://www.joblinge.de

http://www.abf.wi.tum.de

http://www.bundesregierung.de/Content/DE/Pressemitteilungen/BPA/2014/10/2014-10-29-integration-bericht.html

http://www.bmfsfj.de/RedaktionBMFSFJ/Abteilung4/Pdf-Anlagen/praesentation-gesetz-frauenquote,property=pdf,bereich=bmfsfj,sprache=de,rwb=true.pdf

http://www.zeit.de/wirtschaft/2014-11/altersarmut-rente-sozialhilfe-grundsicherung